passion

of the books, by the books, for the books

他們說

有關書與人生的一些訪談

郝明義

Conversations about Books and Life

杉浦康平

張隆溪

南方朔

詹宏志

鄭松茂

Akibo

許舜英

黃仁宇

衛浩世

前言

出版工作迷人的地方之一，就是可以遇見一些很特別的人。

如果有機會跟這些特別的人相處久一些，有些長一點時間的談話，則又是不同的收穫。

這本書裡收集的訪談與人的紀錄，有三類。

首先，是做Net and Books主題書系列的時候，配合著主題所訪問的人物。有詹宏志、Akibo和鄭松茂三位。

後來，和主題書無關，或是因爲機緣湊合，或是因爲籌備想法，我又間斷著做了杉浦康平、南方朔、張隆溪、許舜英四位沒有發表過的訪問。

第三，則是我過去寫過的黃仁宇和衛浩世這兩位。我寫的時候雖然不是以訪問形式呈現，但是裡面仍然記了許多我們之間的交流。

我很珍惜和這些人交往，或訪談的過程。不論是記錄他們的人，或是他們談話的內容，我都盡可能讓自己回到純粹的讀者立場，讓自己有最大的享受，也讓讀者有最大的視角。

非常感謝他們說得那麼精彩。

目錄

杉浦康平：讓自己保有感受驚訝的能力

01

杉浦康平的這場訪問，是在二〇〇六年六月做的。我特別喜歡他談到的兩點。一是「跨頁一單元」的編輯概念。我自己本來就信奉這個原則，但是聽他把這個概念運用到書和雜誌上的多種變化，則更是闡釋得清楚又徹底。另一點，則是談到「開發五感」時，他認爲首先要讓自己保有感受驚訝的能力。當時我剛經歷過一場家人的重病歷險，過程中受過不少震驚。所以，我才會回應，有時候甚至遭到一些意外，讓自己有機會體會一下什麼是「驚訝」，也很有意義。訪問開始時，我提到的禪宗那句話，語出六祖惠能大師所註解的《金剛經》口訣。全句是：「即心是佛，更無別佛；即佛是心，更無別心。如拳作掌，似水成波；波即是水，掌即是拳。」

杉浦康平（Sugiura Kohei）：平面設計家。

徐欽敏攝影

◯：郝明義　◎：杉浦康平

◯：這是我們出版的主題書《少一點》（*Less*）。請指教。

◎：這本書的主題「少一點」是什麼意思？

◯：有兩個意思。第一，在這個什麼都求「更多」的時代，我們希望提倡一種「少一點」的哲學，消費少一點，吃少一點……。另外有一個概念是說，很多事情可能在先少一點之後，反而會發現它還會多起來。

◎：我前兩天在高雄演講的題目，也是一即是二，二即是多，多又變回一，陰陽流動的一個過程。陰跟陽好像是兩個東西，可是事實上這兩個東西又包含非常多的涵義，並且兩個又可以結合成一個。

我常常用手指來比喻。手指就是多，可能這個代表科學，這個代表社會，代表環境，代表很多東西，但它們的原點可能都還是一，原型是一。可是現在人呢，都把「多」變成更多，在科學裡面又去發展更多的東西，大家不會回到原點，反而是一直發展，這是問題所在。

一裡面固然有二的存在，有多的存在，但在多以後還是要回到一。你的想法剛好跟我很接近，我非常開心。

◯：我很喜歡禪宗裡面有一句話：「如拳作掌，似水成波；波即是水，掌即是拳。」也可以看作這個意思的一個呼應。

你自己是從學建築開始的。對於建築，你說過：「學建築，可以對世界總體矩陣化，可以適度地把握時間和空間。」請再簡要地進一步說明一下。

◎：不知道可不可以說得完整……一九六四年我曾經到德國的烏爾姆設計學院講課，這所學校包含很多部份：有工業設計、視覺設計、情報設計（信息設計）跟畫像處理，以工業設計爲中心。

我年輕時雖然學的是建築，到六〇年代左右還都只是把建築當成一個物體與物體形態的結構來看待而已。那次我到德國講學，才回過頭來注意到，原來建築就好像人體，是由很多的器官、血管組合成「人」這樣的一個構造。建築，應該是由我們視覺、聽覺、感覺結合而來的一種呈現。從那開始，我就從兩個方向來思考這個問題：是要單純地從一個小部分去思考？還是從整體去看它裡面有什麼樣的東西？

跨頁一單元的設計概念

◯：你說因爲你學建築，所以做書的設計時，「對書籍載體的優勢與矛盾，是先從周邊接觸到的」，這裡的

「周邊」指的是什麼？

◎：書籍設計者的任務是，找出對一本書最合適的處理方法。

讀者都是從遠處看見、接近，進而拿起一本書，所以設計者也採取同樣的路徑，由遠而近，由外而內。但是書有作者，有編輯，有印製者，他們有各自的工作與目標，所以一本書就包含了多種不同的元素與過程，這是與建構一棟建築類似的地方。我必須思考作者、出版社等不同的需求，試著將種種細節在心中思量、結合起來，然後帶進書本的設計。拿書本身來說，比如說這本，從這一面看來它是一本書，從另一面看來它是很多張紙的組合。這是一，也是多。同樣的，書有右頁和左頁，也就是陰和陽。此外，書又是由文字、圖表，以及各種各類的資訊組合而成。我總認爲這就是世界或宇宙的道理。所以我的設計是由外而內，再由內而外。

○：就你的觀察，那一般的設計者是怎麼思考的呢？

◎：一般的設計者通常只追求好看的外觀，讓書在書店陳列時能與眾不同，因此只與表面有連結，沒有進入到書的內部深層結構，或者沒有反映出深刻的想法。而我總是嘗試將這些東西帶進我的書籍設計裡，這也是爲什麼我的書看起來總是很複雜、有流動的感覺。

◯：台灣常見的問題是，很多書的封面設計與內文版型的設計往往分開。你有什麼看法？

◎：兩者應該要結合。書的內文與封面設計應該是一整體的，而不是分開的。應該是一個設計團隊來執行。就算由兩、三個人合作，但要有一個有能力的指導者來統合整個過程，否則做出來的書手歸手腳歸腳，像機器人了。

◯：你設計書的時候，把書的每一個跨頁視爲一個單位。你說一個個跨頁的連續，便產生書的空間，成就一個故事。那你認爲是什麼構成故事的主軸呢？

◎：這就像電影，故事隨著鏡頭接續而展開。片名、演員姓名出來，然後故事開始，第一部份、第二部分、第三部分，也許還有細分景一、景二。通常，一般人在設計、製作書的時候只是把書當作容器——盛裝字詞、圖片、資訊的容器。我呢，則是希望能夠呈現書本內容的血肉、氣的循環，讓它活化，好像人的整體。我的書，要有許多細節和流動，將主題頭尾貫徹。那應該是活動的，有些東西進來，有些東西離開。就像這個世界不是靜止的，而應該永遠都在動，永遠都在改變，帶來新的東西。所以或許設計書的人應該從讀者的角度出發。讀者看第一遍、第二遍、第三遍，每一次閱讀都希望發現新的東西，新的有趣的地方，新的細節。

○：細節很重要，但細節也可能是魔鬼。如果細節的處理出錯，後果也會不堪設想。

◎：沒錯。雖然這些對於細節的感受，是書的主要資訊之外附加的部分，非必要的。但以我來說，像現在這個談話，我有時候在思考，有時候說得快，有時候帶著微笑說，有時候很激動，這種氣氛的轉換是很重要的。我總是試著將這種感覺變化帶進書裡面。

雜誌與書的異同

○：除了書之外，你又怎麼把「跨頁一單元」這樣的概念帶進雜誌的設計裡？

◎：除了少數例外，我通常不做雜誌的設計，因爲雜誌涵蓋太多頁數與項目。我曾經自己做雜誌，尤其是七、八○年代的時候，把一些獨特的概念放到自己設計的雜誌裡面。雜誌都有左頁右頁，有一本雜誌我就讓左頁全部走圖，右頁全部走文。左頁的圖片像電影一樣慢慢地展現，呈現出一幅幅圖像的重要意涵，另一邊的右頁則是逐漸闡釋傅柯的哲學文字；所以左右兩邊是不同的素材所構成，這一邊是圖像，這一邊是哲學文字，兩者之間卻相互配合生出有趣的效果。我總是企圖如此發掘新的可能。

○：但不管怎麼說，那個「跨頁一單元」的概念還是可以應用到雜誌上吧？

◎：也是，也不是。雜誌的內容繁多，我更傾向於把一個個不同的部份區分成不同的風格，然後像中國的炒飯一樣混炒在一起，形成不尋常的滋味。混炒在一起的這一點很重要，因爲就像是喧鬧的聲音與清純的聲音間次安排，熱鬧的聲音進來，清純的聲音淡去；清純的聲音之前，又必然有複雜的、喧鬧的聲音引領。

○：怎麼安排這些清純或熱鬧的聲音節奏？

◎：以雜誌來說，編輯總會做些特別報導。那麼，一般內容的作法如同往常，就像是比較安靜的聲音，到了特別報導的地方就來點不一樣的，再輪到一般內容時又沉靜下來，特別報導再出現時又繽紛喧鬧。譬如這樣。如果我跟一個好編輯合作，我們會利用節奏和情調的轉換來加以設計。不見得永遠是一致的老面孔，有時候突然變個臉，然後再換回原來的面目，然後再變……

○：所以做雜誌和做書是很不同的。

◎：是的。雜誌是以連續性的形式存在。所以雜誌像心跳，必須不斷地跳動、延展這跳動，吸引讀者一期期閱讀下去。像是聽貝多芬的交響樂，第一樂章、第二樂章、第三樂章……然後歡樂之頌來了！所以雜誌要製造跳動，創造節奏。

而書不同。一本本書，是獨立而分開的存在。然而，書雖然只有一本，卻可能收集、濃縮了二十本雜誌的內容。從這個角度來看，一本本雜誌又像是獨立而分開的存在。而一本書又有其自己的心跳。

○：你曾經說過，設計的時候，「要讓文字部份有用眼睛閱讀，而且還想大聲閱讀的魅力。」請多解釋一點。

◎：文字永遠是與聲音連結的。當聲音凝結了，就變成了字。我們可以用不同的排版字體和字型來表示，這種字型的聲音很大，這種字型柔和一點；這是女性的聲音，這是年長男士的聲音……我總會仔細觀察字體，這是誰在說話？想要表達哪一種聲調？所以我用的排版字體和字型都會發聲，不只是讓讀者眼見而已，甚至會讓他想要唸出聲來。在我的設計裡，字型字體總是不斷變化、出現不同的和聲……形成一種聲音的戲劇效果。

○：那如果是小說呢？應該是一種字體或……？

◎：以我而言，當我能跟作者深入溝通合作時，會以比較特別的方式去呈現……在作者的同意之下。但通常他們會很強硬，不願意，哈哈哈。

○：字體設計（typography）的根本精神？

◎：讓內容有生命力，而不是冷冰冰的。

今天西方的字體設計，注重讓內容很安靜，顯得很知性。當字體設計非常安靜又乾淨的時候，世界看來非常平和。但事實不然，世界的表象之下總是波濤起伏。我總想把這些帶出來，由內而外，由外而內。比如在中國文革的時候，人們在牆上寫標語、做大字報，字體有大有小，非常喧鬧，整個帶出了人的活動能量。

當然我有時候也會使用安靜的字體，但基本上我總想讓字體設計是熱鬧的、生動的。

○：與二十多年前相比，現在用電腦排版軟體來做設計，多了那麼多種工具，你認爲優點和缺點各是？

◎：電腦排版軟體讓我們可以隨意、盡情地安排各種字體、字型、大小、段落、行數、字數的組合，好處是讓版面富有表現力，會說話，但是萬一用得太過，就會弄巧成拙。所以必須拿捏得宜。在我看來，這與品味有關，編輯的品味、設計者的品味、印刷的品味……背後需要好的品味作基礎。

○：好的品味從何而來？

◎：這我不曉得……或許是呼吸清新的空氣，吃健康美味的食物，常保笑容……享受生活吧！哈哈。

編輯應該具備的美術與設計素養

○：對於想要像你一樣將血肉帶進書裡的設計者，你認為什麼是需要注意的呢？

◎：好的作者，好的編輯，好的印刷。我總是跟這些人共同工作，少了其中一個，書就不可能好。八〇年代我做了許多新奇的書，那時候我跟許多好作者、好編輯、好印刷總聚在一起討論，創造新的、不一樣的東西。

○：你也說過，「寫作或做編輯的人，往往不善於處理視覺素材，思維方式主要被文字束縛。」一個編輯起碼應該具備什麼樣的美術與設計素養？

◎：漢字是Ideograph（表意文字），最早來自於描繪自然的筆畫，比如說模仿公牛、馬的形狀，或是樹。所以漢字特別要回歸自然，它們不是被割離的符號，而總是要與那古老的居所連結。所以一個受漢字浸淫的優秀編輯，較可能具備合併圖像與文字思考的能力，而中文和日文的編輯，理應比歐洲編輯更有這方面的能力。但事實並非如此，歐洲的編輯往往做得更好，我不知道他們怎麼辦到的，也不曉得中、日、韓的編輯出了什麼問題。現在韓國的編輯進步很多，但日本的編輯仍然不夠。日本編輯總是將文字視爲（學術）思想的反映，只看重文字本身，而切斷了文字與自然的關係，把文字最重要的東西都拋棄了。大部分的編輯在尋找、整合圖像以及察覺文圖連結方面的能力相形貧弱。

日本漫畫（Manga）非常出名，許多編輯與作者皆出身漫畫。因此編輯可以說是分成兩邊，一邊是傳統的書籍編輯，一邊是漫畫編輯。他們雙方雖然有時候也會相互合作，但整體的問題在於日本出版界的能量越來越弱，大家都喪失了冒險創新的動力。今天本該是思考圖文結合的良好時機，但他們卻缺乏進步的意願。所以以我的國家來說，仍然沒有一個好的解決方法。我希望台灣能夠在這方面走出新的方向。

○：對於想要精進的年輕編輯有何建議？

◎：多觀察，多感受，多閱讀，多呼吸……試著將所得到的結合起來。世界的走向漸趨分殊，可以將之相互聯結的力量卻日漸薄弱。科學、藝術、經濟、政治……我們需要把這些都融合起來，成爲好的整體。

○：要如何具備這種能力？

◎：多利用直覺。感受一個人的存在與世界所有的存在，並將這些融合。吸收資訊，攝取圖像，咀嚼文字，然後試著消化、合而爲一。

書寫記憶的意義與重要

○：日本的書與雜誌，爲什麼如此堅持直排？

◎：這是傳統，而且我們有詩的傳統，像是俳句（haiku）、短歌（tanka）。如果使用橫書，就無法感覺到其中的詩意婉轉、深沉複雜。我們習於混合漢字與假名直向連續書寫，這與文學有關，包括詩歌。

○：但是中文也有許多詩歌，我們仍然也用橫排。

◎：日本人比較固執吧。現在的年輕大學生的報告多半使用橫書，但即使如此，當他們想寫詩的時候，還是直寫。科學上來說，橫書較利於閱讀，因爲我們兩隻眼睛本身就是橫向安排的，我們明白這點，但仍然堅持。

○：你說，「文字是循其軌跡，透過人體的躍動而展現出的生命體。」又說「漢字喧鬧有聲，手寫加入全身性因素」，因此你對現在主要使用電腦鍵盤的年輕人有什麼建議？

◎：我在日本購物要求收據的時候，商家常常不會寫我的名字。他們忘了怎麼寫漢字，往往能用電腦打，卻不會寫。寫漢字，需要動用全部身體。漢字蘊含太多元素，而這些元素是跟手的運動不可分割的。所以我們可以知道，今天漢字的消逝，不是因爲視覺，而是因爲那支撐漢字結構的書寫記憶消失了。中國人或台灣人也都跟我提過類似的問題。西方字母的結構很簡單，所以或許他們沒有喪失手寫的感覺。但漢字必須要書寫。手寫的漢字多麼美，是多麼重要的傳統。所以我對此非常憤怒，一直試圖說明其中的嚴重性。這對於世界文明也非常重要，世界文明有這麼大一塊和漢字及其書寫有關。

○：請把這個觀點再多說明一下吧。

◎：是的。這種象形文字，是融合了多種元素的，有點類似怪獸。怪獸總是有犄角、鬍子……混雜多種特徵，因爲它們不想被指認，它們想讓人類無法簡單地用語言命名，它們想要變得更複雜、更不尋常。文字也是如此。文字也想變得充滿力量，因此必須匯聚許多元素，同時它們也不想被輕易命名。中文，一直有著這樣的傾向。像青銅器時代的「饕餮文」，混合了老虎、龍和其他多種野獸，傳達出很強烈的感覺。中國人自古就喜歡在文字中複合野獸形象。

神祕難解的東西總是魅惑人心。比如《達文西密碼》的暢銷，達文西繪畫中的圖像（iconography）也同樣難以解讀，讓人絞盡腦汁。漢字也是同樣的，永遠是眾多元素的融合，其中自有其道理。我們試著尋找那隱藏的道理，並且享受這樣的過程。

其實，現在年輕人玩手機，用字母符號組合成的表情文字，也是一種符號的結合。這些與中文的發展都是相似的，並且與時俱變。只是他們不曉得其中的共通處罷了。

○：像orz嗎？

◎：是的，像手機或電腦使用的這種符號，已經有一個名稱叫作「表情字」（Emoticon），它結合了多種符號來表達感覺。一方面，字體簡化成符號，另一方面，這些符號想要聚合起來，傳達新的意義，其中有這樣的兩面性。簡化、融合，這兩種延伸的方向會在某處交會合而爲一，就好比陰與陽。總之，表情字並非只有簡化，還有合併並且創新的意思。漢字也是如此。

○：那什麼是屬於純粹簡化的？

◎：字母（alphabet），數學符號等等。

讓自己保有驚訝的能力

○：你非常著重「開發五感」的說法，這要如何進行呢？

◎：最重要的是，讓自己保有感受「驚訝」（surprise）的能力。這意味著，時時要對新的、特殊的事物保持敏感，如此驚奇便隨之而來，五感合而爲一。巨大的驚訝，可以讓你蹦地跳起來，呼吸、心跳、聽覺、歌唱，整個身心合爲一體，然後一跳……感受驚訝的這種能力，對人類非常重要。

我曾經製作過味覺地圖，製作過狗感受到的世界的地圖，都是意圖將我們的存在傳遞轉換到其他動物，或其他的生存方式與狀態。人類總以爲我們是世界的中心，我們只透過一種感官來感覺。但在此同時，我們應該想想周圍所有的生物，它們也同樣呼吸，同樣聆聽一切，同樣生存著。大概在七〇年代時，我常到亞洲各地走訪，我發現許多地方都是有各種生物共存共榮的，像是樹，樹也在呼吸……整個世界多麼喧鬧啊！所以我試著將我的感覺轉換成樹，轉換成動物，或者投注在舌頭、耳朵，試圖發現其他感覺的方式，然後將它們融合在一起，再注入我的身體，試著理解這個與它們相連的「我」是誰。一切都是「多」就是「一」；「一」也反映「多」。

○：爲什麼人會失去驚訝的能力？

◎：教育發展越加完備後，人們便自認很了解這個世界了。另外在城市，照明無所不在，我們沒有陰暗的空間，沒有幽深的樹林。這些陰暗之處象徵著未知。而人們只能書寫已知，寫二十四小時我們知道的東西，於是失去了未知的部分。「驚訝」是已知與未知的交會，當我們面對出乎意料，大感驚訝的事物時，其實就是在面對未知，是一個將已知與未知結合起來的機會。

○：既然如此，如何重新發掘驚訝的能力？

◎：這很困難。今天大部分人都面對電腦。電腦不哭不笑，人們的臉孔也因此變得單調、失去笑容。人們應該對此有所醒覺，有時候離開電腦，和人一起歡笑，是必要的。古代亞洲人是這樣子生活的，總是在笑、在哭、在吃、在跳舞，同時創造嶄新的五感和生活的能量。這些東西我們已經喪失了九成，不只是傳統，而是整個生活的方式。

○：西方也同樣嚴重嗎？

◎：西方人更早，六、七〇年代就喪失了。甚至，當我六〇年代造訪德國時，人們都已經不微笑，排出來的文字都只有一個表情。冷靜、平和。

但現在大部分的亞洲設計師也跟隨這樣的趨勢，他們沒有認眞看待亞洲的生命能量，我想我們需要重拾活力，脫離電腦。

○：這樣聽來，就開發五感來說，保有驚訝的能力比較像是一個原則，那還有什麼方法呢？

◎：我不曉得，我自己也在嘗試。每個人都應該努力嘗試，讓自己獲得一次體會驚訝的感受。

○：我同意。有時候，甚至遭到一些意外，遭到一些通常說來不好的事情，讓自己有機會體會一下什麼是「驚訝」，也很有意義。

◎：是的。所以說，壞事可能是好象徵。

書應該是一個願意坐在讀者身旁的朋友

○：你是如何閱讀？讀什麼書？

◎：類型非常多。我的書房大概有幾百種書，大部分的書我不會全部讀完，只讀部分，但會把其他部分放在心上。當我面對一個題目，我會翻閱多本書，合併相關的部分，匯聚成一個主題。一個新的問題可能又被另一本書引發。環視書房一周，處處是興味。

我很幸運，有好的編輯支持我，除此之外，還有周圍的藝術家、作家、音樂家朋友，每日我從他們那裡吸收許多資訊，像塊海綿。

○：你是如何使用電腦及網路？

◎：我不太使用，因爲我想讓視覺盡可能保持清澈。

○：如何看待數位閱讀？

◎：單調無趣。

○：即使涵蓋顏色和圖片，仍然單調嗎？

◎：書能觸摸，書有五感。我總是說，電腦沒有柔軟的東西。

○：如果換成電子紙張（electronic paper）呢？

◎：那還是塑膠的。傳統的紙，尤其是中國的紙，是由木材或羊毛纖維交織而成；紙涵納著空氣，可以保存濕度，保有光，因此成果如此深邃，這深邃人們不能用肉眼見，而須以直覺體會。塑膠閱讀多不同啊！即使能模仿得如假包換，字印上去看起來並無不同，但必然有些異樣的反光，奇怪的配備等等。我想以現在的科技，大概還要十年以上才能將電子紙做得跟傳統紙張完全相同。但傳統的紙張感覺更親切、更有在地的氣息。

○：所以你相信書不會消失？

◎：是的，如果我們讓書變得更有趣，更美麗，書永遠不死。

○：你曾經說過日本的（和）紙工藝很繁榮。他們在做些什麼？

◎：他們花了相當大的心力製作特別的、新的紙張。比如竹尾公司（Takeo Paper Company），他們持續研發不同種類的紙，模仿西方紙張、東方紙張，也嘗試新的材料，帶給設計師相當大的衝擊和靈感。我說過，書就是音樂。書會發出聲音，不同的部份會發出不同的聲音。紙張在這其中當然就有其作用。紙本身會說話，紙本身就是相當鮮活的存在。

○：對於一般讀者而言，你建議大家要如何懂得欣賞設計者挹注於書的努力和質感？

◎：現代人都希望出版社盡可能出便宜的書，小的、方便攜帶的書。日本書越做越小，小到可以放進口袋。

像文庫本，我就認爲是書的終結，書的墳墓。書不應該是廉價的，而應該是豪華的享受。書應該是願意坐在讀者身旁的朋友，是讀者的情人。所以出版社不只該出版便宜的書，也該出版昂貴豪華的書，否則書就無法存續了。便宜的書是資訊的濃縮，可以輕易爲電腦所取代，但美麗的書不屬於那裡。

讀者不應該僅止於買一些便宜、簡化的版本，而應該多享受這樣的書，享受觸摸書本的過程，感受書的精神——把書的每一個元素都吸收到你的身體裡。

文字整理——李珮華

張隆溪：品味的散失與重來

02

二〇〇六年的台灣，讓我們見識到許多事情。其中最重要的，就是政治人物甘於唾面自乾的樣貌。這些樣貌一方面告訴我們，要提醒這些人「品味」之重要是多麼不切實際的事；但另一方面也告訴我們，除非我們的社會能逐漸重新看待「品味」，否則，光憑「法律」與「道德」作用的爭論，是無濟於事的。

我想到跨文化研究的張隆溪教授應該可以就這個題目談出一個頭緒，就訪問了他。過去，聽他講自己如何在荒野的三年時間裡只讀兩本英文書，卻打下日後得以親炙朱光潛與錢鍾書等人的基礎，就覺得眞是動人的故事。這次訪談，能以他個人的故事為「品味」的這個題目做了個結語，尤其很有意思。

張隆溪：香港城市大學中文、翻譯及語言學系講座教授。

蔡志揚攝影

○：台灣近年來的許多混亂狀況，與其說是什麼政治與法律問題，我覺得倒更像是一些涉及「品味」的問題。「品味」可以如何定義？

◎：Taste，品味，或是說趣味這個東西，基本上就是一種典範或者規範，本來就帶著超出一般層次的意味，代表一種比較高、比較精緻的東西。所以，文化的趣味，原來和貴族有關係。譬如食品。要講究味道，吃得精緻、獨特，這在過去的時代，就不是一般人能企及的事情。因此，品味總帶著某種貴族氣息，超乎生存溫飽的基本需求，而具有文化的意義。

近代中產階級剛剛開始出現的時候，一些新富有了錢，就會附庸風雅，但是卻沒有品味。莫里哀《貴人迷》中那個想做貴族的資產者儒爾當先生，正是一個典型的寫照。儒爾當先生找人教他文學，才聽說有詩和散文兩種，押韻的是詩，不押韻的就是散文。他不禁大爲感慨說：「噢，不押韻的就是散文啊，我居然不知道，我已經講了幾十年的散文啊。」笑話歸笑話，不過我們從這個寫照裡，仍然可以看出，起碼這些儒爾當先生們，願意承認貴族在生活的品味上比他們高，也願意去追求一種社會公認的品味。

後來，品味的帶動者不侷限於貴族了，但不論怎麼說，品味的本質，就在把一些事情和行爲，做出非常細緻、精緻的層次與區分。就算你到不了某個層次，起碼你會承認有那個層次，而自己心嚮往之。這就是品味的意義與作用。

◯：所以，所謂沒有品味，就是社會裡的事情和行爲，分不出那麼多層次，而大家看不到比自己高的那個層次，當然也就不會心嚮往之。

◎：是。不過，從二十世紀中葉的後現代主義興起後，「品味」是個要被打破的議題及對象。所以「品味」本來就是全世界都不大談的東西了。不過，物極必反，今天應該是我們重新看待「品味」的時候了。

科學主義在破壞，後現代主義不要談

◯：這個脈絡是怎麼出現的？

◎：爲什麼會形成這種情況，話得先說遠一點。

以西方來說，taste，我們說品味或趣味的這件事，尤其在理論闡述上，主要形成於十七、十八世紀。爲什麼是形成於這個時間，則又要往前看到十五世紀，甚至十三世紀。

中世紀的思想，把任何東西都看作是一個sign，即符號，每個符號背後都有上帝的旨意，所以把自然視爲表現上帝創造和榮耀的所謂「上帝之書」，萬事萬物都有隱祕的精神意義。這就是中世紀的精神象徵主義（spiritual symbolism）。

但是到了十三世紀，由於亞里士多德的著作翻譯成拉丁文，當時提出了信仰和理性如何調和的問題。神學家托瑪斯．阿奎那深入研究亞里士多德，提出了劃時代的觀點。他認爲一，自然本身有本體存在的意義，而不是精神象徵的意義；二，只承認舊約裡講的歷史代表一種精神意義，而這種精神意義不及於人類的一般歷史。這就啓發了自然主義（naturalism）。

自然主義不只可以說是爲其後兩百年的文藝復興打下了一個理論基礎，也可以說由此開始，西方人從「上帝面前，人人平等」的觀念，轉而有了「眞理面前，人人平等」的觀念。

這個思想脈絡，歷經文藝復興而到十七、十八世紀的時候，終於確立了西方崇尚理性與規範的一個傳統。法國路易十八時代掌握大權的紅衣主機黎舍留，在一六三五年建立了法國科學院，一個主要任務就是訂立語言的規範。十七世紀，英國也成立了皇家學會。在十八世紀，約翰生博士（Dr. Samuel Johnson）編了第一部英語字典。從義大利到法國，歐洲各地的沙龍興起，討論文學，建立藝術的審美觀念。約翰生博士在倫敦文人圈子裡很有聲望，對於決定當時社會上的文化品味，就起過相當重要的作用。這種種都在說明，社會大眾希望擺脫以前的「野蠻」，相對於過去，有信心也有修養，樂於接受另外一些有修養的人的指導或薰陶。

細分起來，這裡說的「另外一些人」，其實可以分為兩種人。

第一種人，是貴族。貴族在品味這件事情上的作用，我前面已經講過了。

另一種人，則是新生的知識份子。在那個時代，這些知識份子的特色，就是立足於理性思考加上知識系統，來建立他們的道德、美學以及哲學思想的體系。他們舉辦或參加的沙龍，正好提供了他們散播影響力的場所。一個社會，不論願意受貴族，還是受知識份子的影響，都說明這個社會裡的大眾，願意承認社會裡比較高層次的生活與文化品味的存在，願意接受這些品味成為一種「典範」或「規範」來影響自己。所以十七、十八世紀歐洲的品味，可以說是由知識份子與貴族所代表的「理性」與「典範」所形成。

○：很古典的定義。

◎：到了十九與二十世紀，正好是一個要打破貴族及階級的時代，也是大家對上層，對精英，逐漸採取批判態度的時代。所以品味及趣味中原先屬於貴族那個部份形成的典範，就被打破了，那種價值也就被拋棄了。從這個方面來看，這是個由規範到分散的時代。並且是對普遍性質的規範喪失信心的階段。

另一方面，由於科學主義和實證主義的興起，前個階段「理性思維」的典範，也被科學主義和實證主義取代。

馬丁．路德的宗教改革導致基督教的分裂，天主教和新教彼此對立，後來爆發了相當長期的宗教戰爭，最終造成歐洲國家社會生活的世俗化，使政教分離。這就使西方的基督教文明和伊斯蘭教文明有很大的不同。尼采宣稱上帝已經死了，而上帝死了之後，雖然有人提出以藝術或審美教育來取代宗教，可是到科學與技術上位之後，科技或者說科學方法才眞是取代了上帝。

到了十九，尤其是二十世紀上葉，一般人對科學的距離與隔閡日益拉大。懂科學的人也就逐漸有了「雖然你不懂，但是我告訴你這是爲你好的，這樣做就對了」的心理。你不了解它，又要相信它。科技系統，已經自成一種信仰。這也就是所謂的「科學主義」。

科學主義和實證主義涵蓋的範圍不只是自然科學，在社會科學的方面，顯示得尤爲透徹。

從馬克思到列寧，其實都是科學主義的信奉者。恩格斯在《社會主義從空想到科學的發展》中說，馬克思發現了社會發展的規律，這個規律不以人的意志爲轉移，所以，按照他發現的規律去做，就一定能建造最好的共產主義社會。一旦宣稱是科學眞理，所有反對他的人就成爲反對科學、反對理性，於是就都沒有道理。烏托邦的危險，也就在這裡可以看得出來。

科學本來是幫我們理性思考的起因，也是結果。但是發展到科學主義，尤其是以量化的科學方法應用到社會生活各方面的地步，反而和理性思考越來越遠了。與此同時，隨著社會發展價值的多元，加上科學主義的擴張和人文精神價值的逐漸邊緣化，十七、十八世紀以貴族和知識份子的「典範」與「理性」而形成的品味，到了二十世紀，就被大幅破壞了。

進入二十世紀中葉之後，後現代主義興起，再針對前一個階段的這種科學主義所形成的規範進行批判，認爲是一種線性發展，需要再打破。

從好處看，這些過程都是社會多元化的一種發展，但是從壞處看，什麼東西都沒有了典範、規範，也就形同於沒有品味可言。所以後現代主義是不要談品味的。這就是我說全世界都很久不談品味的一個歷史背景。

○：整個二十世紀受美國的影響都很大，美國在這其中起的作用又是什麼？

◎：因爲美國最強，大家都要看他，當然會受他影響。美國示範的第一件事情，是民主。而身爲一個民主社會，美國雖然集中了一些最有品味的人，中產階級也很多，但是很多事情與行爲都比較粗糙。因而，民粹主義，以及各種低俗、媚俗的毛病都有，民主社會的好、壞，都在此。

但畢竟美國文化的根基在歐洲，民主程度又比較高，所以還好。

○：我覺得就政治人物的品味而言，柯林頓就做了一個最壞的示範。他在陸文斯基案中，以各種文字與語言遊戲，躲過了法律責任，雖然成功地熬過了任期，但是想必也給全世界許許多多政治人物一個訊息：只要你硬拗，別人就拿你莫奈何。

◎：品味與法律是不同的。法律是一種外在的規定，講的是 rules（規則）。品味則是自覺，講的是 norms（規範）。也正因爲品味是自覺的事情，如果你對是非沒有公正的認識，如果你把外在的規定和自己內在應有的自覺混爲一談，別的就不用說了。

附庸風雅不應是貶義詞

○：今天破壞品味的事情，還可能有哪些？

◎：如果我們承認品味是一種自覺的事情，是一種自覺生活和行爲原來是有許多層次，而又能體會到自己所在的層次。那麼就可以說，所有破壞自覺的事情，都是在破壞品味。而自覺又和思考有關，所以，也可以說，所有破壞思考、思想的事情，其實也都是在破壞品味。

○：這麼解釋很好。有些人以爲每天追蹤，或者享受最時尚的事物，就是很有品味。少了思考在支撐，那還是談不上有什麼品味。

◎：談到時尙，還應該提一下，品味涉及的另一個抽象因素，審美的藝術。

審美的藝術，不像科學那樣一定與時俱進。有一定的 classic（經典），而這種 classic 是超越空間與時間的。這和只講流行的商品是不同的，商品只是單純的線性發展，永遠是新的比舊的好，買電腦和蔬菜，都是如此。但文學，藝術卻不然。有的作品一旦達到高超的經典的程度，就在那裡，是難以超越的。

○：在你的觀察裡，今天還有哪些事情最可能破壞思考，也就是品味的？

◎：第一，我會說是網路與許多電子媒體。它們給人幾秒鐘之內就能掌握一件事情（get a point）的感覺，這是很破壞思考的。《美麗新世界》的作者赫胥黎，有一本書叫作*Text and Pretext*，他那本書的序言寫得十分精彩，其中把訊息（information）和知識（knowledge）的不同，剖析得極爲精彩。今天的網路與許多電子媒體給我們的只是訊息，而不是知識，當然也就可能離思考越來越遠。

第二，我會說是一些走向基本教義派的宗教。宗教一旦走向基本教義派，就會失去和其他文明對話與理解的機會，當然也就減少思考的可能。

第三，是政治的意識型態。政治意識型態一旦掛帥，對我們思考會產生多大的破壞，中國大陸在三、四十年前發生的事情已經足爲代表。只是同樣的戲碼，今天還在以不同的樣貌在很多地方上演。

第四，我會說是科技。科技上位，取代上帝那種權威反而會產生的問題，前面已經說過，這裡不再重複。只是今天起碼在華人社會裡，大家對科技的崇拜，並沒有任何減輕的趨勢。今天台灣、香港、大陸，幾乎所有大學的校長，都是理工出身。美國也大都是如此。這就可看出一個端倪。

然而，人生的眞理，不可能是由自然科學的方法所能窮盡的。科技的作用，可以把事情量化，但很多重要的事情是沒法用科技來量化的。

以今天大學的評量方法來說好了，由於科技當道，人文學科的評量方法與自然科學相同。這就會產生很多問題。

人文，一定要看某一部份感覺，就是不能只看「量」。

所以我覺得，這種一切以科技爲主導的信仰，也就會成爲破壞我們思考作用的一種因素。

○：那你從香港來觀察台灣今天的品味問題呢？

◎：台灣今天最大的好處，是一個民主社會。不過民主的好處是，能照顧大多數人的利益。壞處是，往往沒法尊重少數的精英。這雖然不能說和品味一定矛盾，但確實有一定的緊張關係。

另外，民主的選舉制度，爲了爭取選票，也容易造成民粹主義。

在競選的時候，一味去迎合一般選民的要求，就造成媚俗，甚至狹隘地方主義。這種只講本地化的狹隘地方主義，英文是Parochialism。這裡的parochia即parish，指的是教區，所以也有本地或本土之義。

這麼看，我們就知道強調本地的民粹主義一定會和品味產生矛盾了。

因爲，第一，民粹主義訴求的是本土意識，所以本土意識本身就容易成爲一種意識型態。不論是無產階級的意識型態，還是本土主義的意識型態，一旦意識型態主導一切，所有事情的取決標準就只剩下看你是反對我還是贊成我。品味這件事情，需要細緻的層次區分。但是意識型態主導一切的時候，只分你是贊成的還是反對的，中間什麼層次也沒有。

台灣今天一些政治人物訴諸本土主義的情況，其實和大陸四十年前訴諸無產階級意識型態的情況很類似。

第二，民粹主義就是會爲了拉攏人、爭取更多的人，而取悅低俗，不惜犧牲自己的一些價値觀。政治上固然如此，但是包括文學、藝術、傳媒等面向，也都會出現這種爲了吸引大眾，而刺激低俗的情況。

說起來，這兩者都跟民主的本質有關。民主的好處，就是能充分照顧最大多數人的利益，比較公平。但其缺陷，就是無法照顧到少數的、比較細緻的上層。

今天的華人社會太受美國的影響，美國不好的，都來了，但美國一些有傳統的優點，則還來不及在華人社會培養。

譬如，香港和台灣，都爲一些八卦、低俗的報刊當道所苦。美國不是沒有這種小報，如*National Enquiry*這種tabloid，但是美國同時還有《紐約時報》這種大報。而台灣和香港，卻幾乎是所有的報紙都在往這種八卦式的報紙靠攏。

○：你對這種情況悲觀嗎？

◎：我倒還是樂觀的。人，終究都是想過比較好的日子，而品味就是告訴人們，什麼是好的東西。所以，在一個成熟的社會裡，一定會出現比較好的規範和品味。只是我們需要注意：一，這需要時間。二，對一些還存在的品味，不要輕易破壞。品味這個東西，要破壞是很容易的，要建立，卻很難。

○：今天如果要重新提醒大家對品味的注意，有什麼可做的事情？

◎：首先，我們應該認知品味的本質，也就是品味應有一定的規範性。而要認知這種品味的規範性，需要體會品味的不同的層次。要體會品味的不同層次，則需要有一種內在的自覺。而自覺，又需要思考。所以，要注意品味，首先得養成思考的習慣。不要讓這個什麼東西都來去如風的時代破壞自己思考的習慣，進而養成一個對事物體會一下再吸收的習慣。

另外，這種自覺、思考的對象，則要從衣、食、住、行的生活層面開始，再到思想、哲學、文學、藝術。各個面向都能如此自覺地思考，注意品味的層次，就可以逐漸建立品味了。

另外，十七、十八世紀時，是把社會上最高層次的一群人的品味找出來，再影響社會上的其他人。在今天這個民主，不講究階級的社會裡，這也是不能做到的。但是，可以由己而人，建立像維柯所說的SENSUS COMMUNIS，也就是大家共同一致得到的一種感覺。

所以，在某種程度上，附庸風雅是好的，不應該是貶義詞。冥頑不化才麻煩。附庸風雅起碼是一個起步，只是這個起步最好伴隨著自己的自覺，與思考。

一首詩打開了一個書籍的寶藏

○：你現在是跨文化研究的專家，我聽你提過，你在這方面的起步，卻是拜文化大革命時期所賜。這段奇特的旅程是怎麼開始的？

◎：對於求知而言，文革是極爲不利的一段時間。當時有幾個囊括一切的概念，否定了一切知識：凡中國古代屬封建主義，西方屬資本主義，蘇聯東歐屬修正主義，由於「封」、「資」、「修」都在破除之列，於是古今中外的文化知識無一不是毒草。讀書越多的人越蠢，知識越多的人越反動，於是知識份子被名為臭老九，幾乎等同於階級敵人。

我是成都人，文革開始後不久，就去四川南部一個山區下鄉，在那裡當了三年農民。當時的物質條件普遍都很差，沒有足夠的食物，生活非常艱苦，我的體重還不到一百磅。不過，我極為幸運的是，倒偷偷有著很豐富的精神食糧。說是豐富的精神食糧，其實不過是兩本英文書。一本是希臘羅馬文學的英譯，另一本是英美文學選讀。這是在我下鄉的時候，中學一位英文老師潘森林先生把他抄家劫餘的兩本書送給我的。書雖然只有兩本，但是由於內容是經典之作，我翻來覆去地讀，就給自己打下了當時並不知道的基礎。

我在下鄉的時候，還負責管那個村裡唯一的一台的收音機。收音機可以收聽到國外一些英語節目，我看村裡的人也聽不懂我在聽什麼，就偷偷地跟著收音機學英語的聽說能力。後來我的英語發音還算標準，也是這段時間打下的基礎。

○：相對於前面你說今天，尤其是在網上什麼訊息都來去如風的時代，你因為環境的壓迫與不自由，三年只能讀兩本書，卻導引你走上了人生後來的路程，眞是因禍得福。我越來越覺得「少才是多」，在讀書的這件事情上尤其可能如此。

◎：我覺得，我的幸運還不只是因爲可讀的書少，所以要反覆咀嚼。在那個地方，配合著環境的氛圍，某些東西讀來印象特別深刻，畢生難忘。

在那個荒涼的山村，夜裡我只能借助自製的小煤油燈，就著微弱的光線讀書。因此，讀那個希臘羅馬文學的英譯本，讀伊底帕斯王的故事讀到最後一句的時候，眞是情境逼人。伊底帕斯王的故事的最後一句是：「在一個人生命尚未終結，沒有最終擺脫痛苦和憂傷之前，不要說他是個有福的人」。

我讀完這最後一句的時候，正是午夜之後，四圍是無邊的暗夜，只有一燈如豆。燈下閃動著索福克勒斯悲劇那驚心動魄的文字，竹林裡傳來蕭瑟的風聲，河裡遠遠傳來潺潺的水聲，我好像獨自一人處在洪荒曠野之中，感受到天地自然那種原始、神祕而無可抗拒的力量。

○：這兩本書帶給你的奇遇，還不只如此。後面的故事記得也很精彩。

◎：是的。到一九七二年春天，我從山村被調回城市，在成都市汽車運輸公司的車隊當了五年修理工。我喜歡藝術，有一幫畫畫的朋友。其中一位叫朱成。我和朱成在工廠認識後，他知道我懂英文，就問我有沒有見過原文的莎士比亞全集。我說，當然從來沒有見過。他說，「那我可以替你找一本。」

我本來以爲他是在吹牛或者開玩笑，可是第二天，他眞的拿來一本精裝書，是多卷本莎士比亞全集收有十四行詩的一本。我大吃一驚，朱成告訴我說，那是他一個朋友父親的藏書。老先生不相信現在還有年輕人能讀這樣的書，所以借給他這本書的條件是，要看書的人翻譯一首詩。如果眞能譯得出來，他就可以再借其他的書。我喜出望外，立即選譯了一首，交給朱成去覆命。老先生看了，立刻要我去他家裡。這首譯詩就像《天方夜譚》阿里巴巴與四十大盜那個故事裡開門的咒語，爲我打開了一個書籍的寶藏。

那位老先生是歐陽子雋先生。他曾在舊《中央日報》當過記者，喜歡讀古書，也喜歡英文，收集了很多英文原版書。他後來在成都一個百貨公司當售貨員，爲人謙和，文革期間不知怎地就居然把他最心愛的藏書保存了下來。

他的住處，在一個破舊的小院子裡，是一間極簡陋的房子。但一走進去，就看見緊靠牆壁一排木板做成書架，密密層層放滿了各種舊書，其中大部分是英文書。我們一見面，歐陽先生就慷慨地對我說：「我這些書就是你的書，你任何時候都可以來讀。」在那年頭，書不是被燒毀，就是被封存，結果在一間舊房子裡，竟保存那麼多英國文學和歷史的經典，簡直是奇蹟。

在歐陽先生那裡，我不僅第一次讀到莎士比亞全集，而且讀了從喬叟的《坎特伯雷故事集》、彌爾頓的《失樂園》到十九世紀浪漫派詩人、小說家和散文家的主要作品。當時我讀得最勤，可能獲益也最大的是帕格瑞夫（F. T. Palgrave）所編《金庫英詩選》（*The Golden Treasury*）。這部詩選初版於一八六一年，後來不斷補充再版，其流行程度很像我們的《唐詩三百首》。我從這部選集裡翻譯了大概三百首詩，這在我是很好的練習，因爲讀詩是獲得敏銳語感最佳的途徑。英語和漢語在語句組織、節奏和表達方式上都很不相同，只有多讀英國文學經典，尤其是詩，才可能最好地獲得英語的語感，增強自己的信心，能夠把英語運用自如。

我永遠感謝歐陽先生在最艱難的日子裡，爲我打開書的寶藏，提供精神的食糧，這對於我後來的發展，的確起了關鍵作用。可是當時讀書完全出於興趣，絕沒有想到未來有任何發展，也根本沒有想到這段時間打下的基礎，日後有助於我得以進北大，並且得以受教於朱光潛、錢鍾書等先生。可是正像《莊子．外物》所說，「知無用而始可與言用矣」，用與無用是一種辯證關係，知識的積累首先要有求知的欲望和純粹的興趣，文風的形成靠的不是實用，而是對知識文化本身的追求。

○：用這段話來給「品味」這件事做個結語，也是恰當的。

◎：是的。

03

南方朔：世界的複雜不是沒有意義的

過去跟南方朔聊天的時候，就知道他是不用電腦寫作的。不是他不會（他曾經有極快的打字速度），而是他覺得用電腦寫作，爲了速度，會養成使用常見字與易選字的習慣，因而「破壞文采」。當然，他也不上網。紙本媒體的世界可以供應他足夠需要的知識，他覺得沒必要再浪費時間在網上。所以這次訪問想挖他的寶之中，有一點是他怎麼儲存閱讀過的書籍與資料，以便取用。對於這個問題，他的回答是：「就用自己的大腦。」能記住的就記住了，實在有遺忘，也無所謂。

除了這一點沒有滿足我的好奇心之外，我趁著這次訪問整理出一個人在「社會化」過程裡自己讀出一條路的歷程。台灣的閱讀環境，在種種因素的限制之下，一直沒有機會適當地對待「社會化」與「閱讀」的關係。南方朔的例子，提供了一個相當切實的參考。

南方朔：政論家、文學評論家。

蔡志揚攝影

○：看網路上報導，二○○六年你在深圳一場演講中說：「書中沒有黃金屋，書中沒有顏如玉，書中沒有機會之窗。」是怎麼個說法？

◎：那是他們記錯了。我說的正好相反。全世界的閱讀研究都得到一個基本結論：上升的階級是永遠在讀書的，下降的階級是不讀書的。會讀書的階級，基本上是對自己生活不滿意，顯示出要改變的欲望，所以要到另一個地方去尋找；無論是知識、人生的道理，甚至於包括休閒，所以這種人的階級地位是永遠在上升的。最經典的研究就是，大約十六世紀，西方古騰堡革命開始以後，西方是什麼人讀書：工匠讀書、政府公務員讀書、律師讀書；誰不讀書：神職人員不讀書。那個時代是神權時代呀！擁有權力的神父們都不讀書，這一定要引發宗教革命的嘛！所以讀書的階級是上升的階級。這代表什麼意思呢？書中自有黃金屋嘛！

書中自有顏如玉，用現在的話來說，就是書讀多了以後，感性會比較發達。感性發達的人，跟別人相處會比較融洽。尤其跟女人相處，會比較懂事，比較體貼人，所以人緣會比較好，這就是顏如玉了嘛！

兩者加起來就可以說，讀書絕對有益於人生的機會之窗。無論是現實的、感性的，機會之窗就會比別人多。

當然這並不表示所有讀書的人命運都會變好，不一定，很多人有了機會之窗，但幸運之神不來，也沒辦法，像南方朔就是這個樣子呀！

我的父母輩不識字，在台灣社會裡面是很低階的，可是我現在好歹也是個中產階級，我的階級地位是有提升。我的小孩，拿博士的拿博士，當醫生的當醫生，他們的階級地位又比老爸高了一點。所以讀書求知，無論是很現實的東西，或是比較感性的東西，對人生的確是有幫助。而且未來的社會越來越傾向於知識社會，不是只拿到一個一定程度的知識的文憑就夠，而是一生都需要去閱讀。就算是閱讀，也不只是閱讀專業的東西就好，連非專業的東西，也是要閱讀。

○：你在深圳說，再怎麼樣的小人物、家世不好、知識不高的人，讀書都一定可以超過南方朔。

◎：這是我講話最博得肯定的一點。各個地方的人，辦這種活動都會找名流，深圳每年十一月是讀書月，這個活動已經辦了七屆，都找些像龍應台、金庸這樣的大人物。他們今年找我，我一去就開玩笑說：你們辦了這麼多年，只有今年是對的。找各行各業功成名就的人，這些人很多是天資、家世特別好，或機會特別好。我做為一個小老百姓，對他們只有崇拜的份，努力一輩子也不可能變成金庸、龍應台。你找了一個小人物南方朔來，他命不很好，也不怎麼聰明，機會之窗也沒有特別多，但這個小人物讀書讀了五十年，累積了一點東西，有小小的虛名，日子過得也還可以，也還一定程度被別人尊敬，沒有什麼壞名聲。想想看大陸十幾億人，能混到深圳去，沒有待在鄉下每天賺兩美元，命運已經很好了！我對他們說，你們的命比我好，而且深圳的教育不錯，所以你們資歷也不錯，你們用我作榜樣，不必五十年，二十年就可以了。這個鼓舞作用還滿大的，大家聽了都很高興。

○：你說小時候唯一的娛樂就是讀書，還當了圖書館館長是吧！這過程大致可分成幾個階段來看？

◎：我小時候是民國四十年代，台灣的國民所得約二、三百美元，比今天越南還窮。那時代沒有電視機，家裡有收音機就是有錢人，所以我們從小就是讀書的，那個時代的人比較早熟……因爲貧窮的時代每一個人進社會的時間會提前。先講近代學術界的例子：有名的胡秋原先生在念小學的時候，就跟當時北京的大學教授打筆仗；錢穆先生，在念中學的時代也是跟北大近代最厲害的文人打筆仗。在貧窮的時代，人們進社會的時間早，資歷的開發時間齊全。像我從小學三、四年級就開始讀章回小說了，而且是讀懂，不是讀不懂！

我讀台南勝利小學，那個時代儘管落後，很多東西卻很先進。像我們學校有個大圖書館，他的做法不是要學生去借，而是把書分好，這四十本歸這班，那五十本歸那班，每個班上選一個圖書館館長保管這些書，到下個月就由他去跟別班換。我小時候當過班上的圖書館館長，每個月我手上總有四、五十本書，每天就抱著一堆書上學、放學的。那個時期看最多的是文學小說和遊記。

進了初中，開始看翻譯小說，讀詩歌，學寫文章，寫詩。我生平第一篇文章，是初三聯考完等放榜時寫的一首詩，登在《幼獅文藝》上面。初三到高一期間，又陸續在上面發表了很多篇，都是沒有稿費的。讀台南一中的同學裡有一堆文藝青年，大家都喜歡寫詩，還會比賽呢！被刊登是很重要、很有地位的。

文學階段過了以後進大學，台大那時候風行搞哲學、社會科學，所以我大學拚命讀存在主義。那時的台大學生有很多可愛的習慣，譬如小男生屁股後面放一本存在主義，而且封面一定要朝外面，就在學校裡面逛，女生看到就會說：好有氣質唷！那時候小孩子讀書，都是隨著時代變化的趨勢，跟著趨勢跑。

我開始比較有條理、不再跟著環境讀書，是在當了新聞記者以後，眞正開始循著自己的人生軌跡讀書。我念農（森林系），新聞的那套跟所學全不相干，譬如說跑財經新聞，我都不懂，怎麼辦？從大學課本開始讀起。跑法律新聞，法律也都不懂，就從大學的民法概論、刑法概論開始讀起。我自己認爲，整個人生的變化發生在當新聞記者那段時間，拚命從大學課本開始讀起，對整個知識產生越來越多的好奇心。

當新聞記者之後才開始的讀書新階段

○：講一段印象特別深刻的感受吧。

◎：知識越累積了以後，縱使英文程度不好，讀起英文書也可以讀得很快。這不是語言的問題，是知識的問題。假設我們對本行已經很透徹了，今天去讀本行的英文書，就算不是那麼習慣讀英文的人，也可以讀得很快。我常鼓勵別人去讀原文書，我常說，南方朔英文很爛，南部人英文都很爛的。我進大學開學第一天，抱著一本大一普通化學，好大一本好幾百頁呢，很得意心想：終於可以讀英文書了。結果跑去圖書館讀了一個晚上，只讀了三分之二頁，整個晚上就在翻單字，反正每個字都不認識，就開始盡力地翻。我其他什麼都沒有讀就讀那本書，過了一個禮拜，讀兩頁了，然後就讀得越來越快。

所以，我有一天的讀書經驗是永生難忘的：那時我大學畢業等著服兵役，待在宿舍沒事做，就讀存在主義。有一本存在主義的書《非理性的人》，英文本兩百多頁我一天就讀完，而且保證沒有讀錯！雖然後來想想那本書太簡單，可是至少我大學四年畢業以後，一天可以讀一本書了，那天到了晚上依然興奮。我常告訴別人這個故事，所以不要畏懼讀英文書、不要畏懼不懂單字，單字就那幾個，幾天就統統會了。

我們要有一個廣泛的知識來源，知識多了讀任何書就會很快，就會對閱讀、對知識，從敬畏轉成興趣。胡適先生說過：「爲學有如金字塔，要能廣大要能高」。我們讀書，無論是政治、經濟、財政、做人處事的道理都是通的。知識來源要廣，只有廣才能高，才可能會通；很窄的人變成專家也不可能高，所有厲害的專家都有一個很廣的基礎。金字塔的底大，塔就會高。假設你的底很小，就只是個很小的金字塔。所以要擴大自己知識的底層，多讀一點非所學相關的，將來絕對會有幫助。

○：你從一般的愛書人變成一個眞正懂得讀書的人的轉捩點，眞正的分水嶺在哪裡？

◎：在三十五歲。那時候台灣政治變化很大，美麗島、高雄事件發生以後，像我們這種有反叛色彩的，在《中國時報》被趕走過一次，等到風平浪靜後又被叫回來。我就想，回去又當個新聞記者幹嘛呢？當個新聞小官僚，副主任、主任幹嘛？何況，白頭髮的資深記者，在美國、英國都很常見，因爲人家新聞行規建立得久，對經驗的累積很看重。但台灣不是，台灣是對英俊的小男生，漂亮的小女生比較看重，所以台灣的新聞記者沒有年紀大的，男的超過三十就被別人叫大哥，女生更慘，到了三十就叫大姊、阿姨。跟叫你阿姨的人一起跑新聞一定會跑輸，因爲你沒有她漂亮嘛！到了一定年紀，挫敗感會越來越強。那時我有這個警覺，所以去見余老闆（余紀忠）說：我認爲台灣的新聞界要看到未來性，我們要培養自己的專欄記者，把一些資深的、學問底子比較好的培養成專欄記者；假設專欄記者抽象思維能力好，將來還可以變成主筆，我們培養自己的主筆，培養自己的作家群。這個觀念余老闆完全同意，所以台灣媒體第一個專欄組是在我手上誕生的。我認爲新聞記者出身的人，自己的採訪經驗多了，見多識廣，可以當一個很不錯的專欄記者，可以單兵作戰，給我任何題目都可以寫，也可以出去採訪；再過一陣子，經驗更多再加上閱讀、知識，就可以寫社論了，這就是我的構想，也反映在我自己身上啊！

從三十五歲，我下定決心要變成專欄記者、專欄作者開始，就要閱讀更多東西，所以我必須讀得更有系統、更深入。那時候讀國外媒體和更理論性的書，加上人生的累積，人生或工作經驗會讓你讀書越讀越快、越容易。一個沒有社會經驗的大學生讀政治學，會讀得有點辛苦。但像進入社會若干年以後再來讀政治學——因爲我們台灣天天都是政治嘛！——就很容易讀懂，很容易會心。又像年紀比較長的人，股票玩久了，叫他讀經濟學，也一讀就懂。

○：你曾經說過，在《中國時報》資料中心任職的那段時間，對你的閱讀影響很重要？

◎：以前在台灣當新聞記者，國外發生什麼事都不了解。民國七〇年代初，或六〇年末期，我在《中國時報》偶然遇上了一個機會，余老闆跟我說：「資料中心的主任出缺，杏慶你去做。」我很高興呀！那是報業的黃金時代，《中國時報》一年賺好幾億，資料中心花大筆錢去買很多外國雜誌和書籍。《中國時報》裡面有一部《四部備要》，還有《台灣省通志》，是線裝版的，很多我都讀過。除此之外，還進了很多外國雜誌，加上《紐約時報》、《華盛頓郵報》、《洛杉磯時報》、《華爾街日報》，我們不僅優先看，還可以剪下來。在資料中心工作之後，我對外國變得很熟悉。最重要的，這讓我有了世界觀。在《中國時報》資料中心看外國雜誌、報紙，使我對外國了解很多。今天你把一張地圖打開，隨便指一個國家，我就可以告訴你許多關於那個國家的事情。這些就是在《中國時報》的那段時間養成的基礎。

後來《中國時報》的人事一直在變化，余先生原本要把我調走，我都跟他談判，叫我做什麼都可以，就是不能拿掉我資料中心這個職位。我一定要兼著做。

○：你說因爲《四部備要》的關係，使你對中國方面的書也有了新的透視？

◎：我一直對漢學有點興趣，只是以前不太會主動去買中國古代經典，當時剛好身旁就有一套《四部備要》，順手一翻就可以看。在這段時間中國古書一本接一本地讀，興趣就培養出來。台灣史也是一樣，《中國時報》有很多台灣銀行叢刊，那是早期台灣歷史的資料，有《台灣省通志》和不完整的《台灣省通志稿》，現在這些東西是很珍貴的，而那時候書就在身邊。我對台灣和中國漢學的興趣，就是那時候培養出來的。我的人生很幸運，因爲這機會實在很難得。

經驗累積後的反省

○：你覺得一般人對「愛讀書」最大的誤解跟問題在哪裡？要怎麼樣讓一般人從泛泛地跟著話題、環境閱讀，眞正轉化？

◎：讀書也是一個成長的過程。我們小時候，別人讀什麼書我們就跟著起鬨，好像一個台大學生講不出兩句存在主義就太沒水準了。不論任何人、任何社會，我們有很長的時間是跟著別人在走的，這也不是什麼壞事。跟著趨勢走，經驗累積以後，假設有反省力我就知道要讀點不同的東西，那個是經驗累積以後形成的反省。很多有學問的人覺得，跟著暢銷書榜讀書太俗氣。或許是有點俗氣，可是也沒有什麼好指責的，因爲對大多數人來說，願意跟著暢銷書榜去讀書，就已經很不錯了。他慢慢讀書，先跟著暢銷書榜讀，跟著時代的趨勢讀，讀久了以後，有一天他總會自己反省，去找自己要讀的書來讀的。

○：從開始跟著讀，到能夠反省，該怎麼讓自己培養那個催化劑？

◎：這就是個人際遇的不同。有些人讀書的時間本來就不太多，讀書經驗不夠，反省的時間就會延後，甚至於一輩子都不可能反省，因爲他沒有這個條件。有些人可能讀書、工作本身就跟知識關係較大，譬如說從事研究相關分析工作，這種人肯定反省的時間會提前。我的命是比較好，很少人興趣、生活是混在一起的，我喜歡讀書，我靠讀書生活，很多人都羨慕我。

○：你剛剛說的太過強調個人的作用。我們換一個角度，來看看教育系統的因素，譬如說台灣近年的教改，會不會使得越來越多年輕人的整個閱讀習慣跟方法徹底被打亂？

◎：古代的中國社會，有私塾傳統和私書傳家的傳統，所以很多人在很小的時候，就已經在父母的要求下四書五經都讀過了。這種傳統的確對古代的人產生了很大的作用，但眞正最重要的關鍵是古代的人進社會早。現代人不同，都是念到碩士班還沒進社會，就只跟同學混，這種人社會化年齡很晚，不可能有自己的判斷基礎。

所以我常說：現在做父母的人，對小孩子不要太寵，讓他盡量在比較早的時候，有更多自由的時間到處看看，會有助於他的社會化。

什麼叫社會化？學者有學者的說法，百姓也有百姓的說法，我們每一個人一輩子就是靠著跟陌生人互動、摩擦、被羞辱或感到炫耀，透過這些形成我們人生經驗。假設我很早就跟社會有所互動，代表我很早就學會管理我的情緒，管理我自己跟別人的互動關係。可是一個社會化很晚的人，他閱讀的範圍窄，跟人的互動也很少，這種人不會管理自己的情緒，他不知道怎麼表達生氣，不知道怎麼去愛，怎麼去恨。這也是爲什麼台灣很多年輕人，一談起戀愛就不得了，一分手就把女朋友殺掉，爲什麼？就是沒有社會化。什麼草莓族呀，講穿了就是社會化不足。到大學畢業，碩士班畢業，博士班畢業，連最基本的情緒都不會處理，怎麼可能像錢穆那樣，那麼年輕就可以去跟別人打筆仗呢？

○：社會化也有助於再擴大閱讀。

◎：沒錯，我還常講，多讀一點奧斯汀的小說，我們才會知道一個任性的人，如何在經歷一些人事後，將性格磨練得比較成熟。看了以後，對自己是有很大的啓發的，我一直推薦奧斯汀的小說。

○：解嚴前後，整個閱讀和知識取得有何變化？

◎：近代人研究過，一個不民主的社會過渡到民主社會的時候整個社會氛圍的改變。在不民主的社會，談自己的問題會碰到太多禁忌，麻煩、不安全，所以不民主的社會反而會去管別人的問題。台灣不民主的時候，學生就愛談那些存在主義。存在主義跟台灣有什麼關係？但我就是搞這個東西。那時候的報紙，一天到晚都在登美、中、蘇三角關係，喜歡去談國際問題，反而不能談台灣本身的問題。所以說不民主的社會談自己會受到限制，會把眼界放到遠方的事物，這有好有壞，也許他有世界觀，可是就沒有本地觀。

可是一旦一個不民主的社會民主了之後，大家的精神就會一窩蜂地回到原先是禁忌的本土議題上。這一搞，頭就很難抬起來看遠方了。所以，會本地觀大行其道，但是世界觀又付之厥如。台灣正好是個典型的例子。

○：你意識到這個變化的時候，不管是閱讀上或使用各種工具的方法上，有沒有什麼對自己特別的提醒？

◎：我自己是比較好，因爲解嚴前我看西方的東西、中國漢學、台灣歷史，還滿全面的。這不是吹牛呀，台灣很多人對台灣史的興趣還是被我罵出來的。像台大有幾個學生每天在講台獨，就被我罵，台灣歷史你也不懂搞什麼台獨？罵一罵他們就開始讀台灣歷史。我認爲，讀書讀到最後，一定要懂得用世界各種新的知識和方法論，來看自己的問題。這種話在台灣講，沒有人理。

腦袋裡有一個林肯，你就贏了

○：你曾經用八本小說把五百年的西方文化生活連起來，這個靈感的來源？

◎：我在敏隆講堂講過三個單元，第一個是選八本小說，談整個小說的流變，包括小說關心的題目、敘述方式的改變等等。第二次他們說，是不是可以把整個西方文明的變遷，也用八本小說來導讀。我就又找了八本小說，從文藝復興開始，到理性啓蒙，現代寫實主義，一直到後現代，也是八本。最後一次他們說，西方講完了，是不是也講一下亞洲、非洲、拉丁美洲，其他開始發聲的後進社會，又找了八本。講過三次，滿好玩的。

我最痛恨把學問講得很難的人，所以我上課跟別人不太一樣，喜歡把那種「有學問的題目」講得很沒學問，扯些好玩的事。你知道敏隆講堂的同學很多都是退休公務員，人家要聽的是很多故事，不要聽你講什麼道理。

○：怎麼看過去的經典？

◎：我讀書最主張讀經典。什麼叫做經典，卡爾維諾不是說：經典是不同的年齡再去讀它，永遠會讀到不同東西的書。西方社會裡，越好的大學越是鼓勵讀經典。我們談西方經典的書單，要去找哈佛的經典書單是什麼，哥倫比亞大學、史丹佛讀什麼。西方的大學部大一到大三都有經典選讀，他們並不要求學生先讀一大堆導論，再去讀經典，因爲這會被導論所限制。你是一個空白的學生，就叫你讀荷馬、《愛彌兒》，不要有任何的預備知識，就用現代人的態度去讀。讀完以後，老師就要你發表感想，你可能會說：孔子或莎士比亞時代多麼封建、多麼保守，反正就胡說八道，也讓學生們吵架，最後學生都說完了，老師再來做評價、解釋，爲什麼古代的人會這樣想問題，這樣想問題對在哪裡，又錯在哪裡。透過不斷地導讀，就能理解思想的變化、古今價值的差異。

○：你剛說「讀書讀到最後，一定要懂得用世界各種新的知識和方法論，來看自己的問題」。那經典發揮的作用又是什麼呢？

◎：經典的作用是讓我們了解古今的演變，永恆的價值在哪裡。看這些傑出人士怎樣思考問題，可以學到很多思維的邏輯。

書讀得越多會發現，人類的道理其實沒有太多！像人類歷史上最偉大的領袖——林肯總統，一輩子在學校念書的時間加起來還不到一年。後人列出他讀過的書，恐怕沒超過十本，大概讀了《華盛頓傳》，另外一天到晚不斷在讀的就是《聖經》。這麼一位領袖，沒有讀超過十本書的人，影響他最大就是《聖經》的道理、《聖經》講話的口氣，所以林肯講話全是《聖經》的再版。西方人認為繼耶穌基督之後，人類最偉大的演說家就是林肯。我自己也特別喜歡讀林肯的演講，他想問題的方式真的了不起，講話又精簡，「蓋茨堡演說」三分鐘就講完了，一百八十幾個字而已。透過閱讀去培養智慧、感性、談話與思維的方式，能讀多當然好，假使不能讀多，反覆去讀經典著作，體會它深刻的意涵，也能獲得許多。

又譬如說甘迺迪，從當選總統到就職之間有幾個月的時間，一天到晚到處去問大老：總統要怎麼當？要讀什麼書？有一個人跟他說：天天讀「蓋茨堡演說」。也就是說，去體會偉大的東西，讓腦袋裡有一個林肯，你就贏了。基於這個道理，我最主張，台灣搞政治的人沒時間讀書沒關係，去讀歷史著名演講集，去體會那些偉大的人是如何思考問題。

○：我看到你寫《中國改變世界》那本書的導讀時，把《國富論》裡亞當・斯密當時談中國的東西也拿來對照一下，用得很有意思。

◎：讀一點經典的東西，是有用處的。我們中國人都以為外國人都不懂我們，那是大錯特錯。十八、十九世紀，黑格爾、孟德斯鳩、亞當·斯密，人家對中國就比中國人還清楚了！都看到中國的問題在哪裡，而且外國人有抽象思維的能力。我覺得中國人的抽象思維能力比較差一點，人家看你的現象，可找到很重要的切入點。

讀到後來也是讀行情

○：你的起居作息，怎麼分配閱讀的時間？

◎：沒有時間表。年紀大了的好處就是，你自己知道生命越來越短，所以生理機能會調整，這是人類的公理。日本人研究過，一個人只要睡眠品質不錯的話，一天四小時足夠，我相信這個道理。我睡眠品質很好，累了倒頭就睡，晚上不作惡夢，所以我睡眠時間短，賺到很多時間。

寫文章是第一優先，那是生活嘛！寫文章的時間之外，有很多其他時間，頭腦比較清楚的時候，讀比較難的書；頭腦開始比較模糊的時候，讀比較不難的書；支離破碎的時間，就拿來讀詩。

○：現在的讀書心得？

◎：我曾經問過很多有學問的人：你們理論搞到這麼大了以後，在搞什麼學問？很多朋友老實地說：搞到我們這個程度以後，哪裡搞什麼學問，天天都在「摸行情」。這話我越來越相信。我以前主要是念植物生理學、植物生物化學。這個行業到了碩士後期、博士的時候，都沒有教科書，我們只是讀期刊，或讀該行業每年的年度評論，因爲年度評論裡面就是這個領域的超級大人物，他們講的大概就是我們今年熱門的題目，這就是行情！做生意做到後來也是摸行情，我們讀書讀到後來也是讀行情。也就是說，我知道最近這兩年西方的這個理論的方向，出現什麼核心概念、哪些大人物，這個領域是關心哪些題目，做哪些大人物，做哪些書，是做這個行情，我的行情觀念不錯的。

○：寫作時間佔多少呢？

◎：平均起來，我一天大概要寫一篇東西，長長短短，短的一千字，長的二、三千字，差不多一個上午總可以寫完吧。所以下午、晚上時間還是很多的。以前我的興趣很雜，要聽音樂、看表演、看電影，亂七八糟搞很多。後來開始察覺沒有那麼多時間，所以音樂和電影都已經放棄了，表演也越看越少，現在就是閱讀佔最多時間。當閱讀時間都不夠了，其他的只好放棄。

○：看你一寫就寫了一百五十多篇導讀。

◎：我最喜歡寫導讀。我曾經說過：對於請我寫導讀的人，我都是心懷感激的。因爲寫導讀不能砸招牌嘛，所以那本書我一定滿用心讀的。我寫了一百五十本書的導讀，表示這一百五十本書我都是很用心讀過，不是馬馬虎虎讀的，所以我很受惠。

我寫導讀是受到美國的寫作風格影響。我特別喜歡美國文體，不喜歡歐洲文體，因爲歐洲人喜歡東拉西扯硬拗，英國人也喜歡跩文。美國人的文體確實，他們文章比較易讀，你會直接受惠。美國一些好的書評雜誌，像《紐約書評》，他們寫一本書的書評不會只寫這一本書，會把這段時間、這個題目的書一次抓來，評五、六本書。我覺得這是最好的寫法，他會寫出每種書的差別，各自的知識理論是怎麼一回事，所以讀完那種書評以後，對知識的整個系統會比較清楚，我是用這種態度在寫書評的。我常說，我英文不太好，可是我讀得懂美國人用英文寫的書評；中文是我的母語，但是我常常讀不懂台灣人用中文寫的書評，我最讀不懂就是《中外文學》的書評。

○：你剛剛談到，支離破碎的時間用來讀詩，現在來談談詩吧。

◎：我初中就寫詩。人都有一個很奇怪的人生軌跡：年輕時候的想法因爲種種人生的際遇不能實現，但由於無法忘情於它嘛，所以總有一天會把它找回來。這個道理就跟永遠無法忘情初戀情人的道理是一樣。所以我差不是在八、九年前，忽然之間不知道是什麼原因，又開始重新去讀詩，很用心地讀。

我讀詩不是馬馬虎虎讀的。西方以前的詩，最新剛出的詩，我全部都找來讀，讀選集、讀詩的歷史演變。我還誇口說：台灣讀外國詩，大概找不到比我多的了。我寫文章很喜歡帶詩，而且我特別喜歡十六到十八世紀的詩，那幾個世紀西方的詩，是很說理的，不像台灣現在寫詩的人，都寫內心獨白，很抒情。外國人也抒情，可是儘管抒情，都有很強的或者是哲理、人生的東西，或者是談政治、談社會、談價値。

寫文章的人文采很重要，有些地方如果能用一種詩的語言來表達，文章會變得很有味道。我特別喜歡蒙田的散文，他的散文引用很多拉丁詩人、希臘詩人，一段說理之後，就鬆鬆的來一段詩句，對於調劑閱讀的節奏很有幫助，有鬆、有緊、有文采，所以我喜歡在文章裡面引用詩句。

○：那爲什麼要用支離破碎的時間讀詩呢？

◎：因爲詩多半短。詩有個好處，跟音樂一樣，音樂有主題，詩有主軸，詩句裡面有很多金句，時間很短的話，我捉個金句就受惠無窮。

坦白說我是讀詩之後才發現，原來外國報紙編輯都很有水準，常引用詩。譬如說，前幾年我讀《紐約時報》海外版，《國際先鋒論壇報》的經濟版上談二〇〇〇、二〇〇一年美國股票不景氣用了一個標題——「一串哭泣」——經濟的整個趨勢是一串哭泣。這個句子我記得，艾略特的〈空洞的人〉最後一句，講的是世界末日：不是碰地爆開，是一串哭泣（Not with a bang but a whimper）。因爲世界的終結不是一下子大爆炸，而是慢慢地萎縮，萎縮的過程中很多人會蒙受不幸，所以一串哭泣，就是世界末日。他就用這句話作標題。阿富汗戰爭的時候，二、三家報紙都引用同一個詩句——「天使都不敢闖進的地方」，形容阿富汗這個地方太麻煩，連天使都不敢進去。外國的編輯是很有水準的。

○：這也是，國外報紙，就以《國際先鋒論壇報》來說好了，和台灣報紙最大的不同在於，人家還一直保持著用文字來講故事的這個東西，而不只是講標題，這在今天的台灣報紙上是完全沒有了。

◎：外國的版圖大，所以大報、小報的區隔一直很清楚。台灣地方太小，大報、小報、亂報，都在拚同一塊市場，搞到大報像小報，小報像大報，我們都搞不清楚了，這個就是台灣市場規模的麻煩。美國不是，像《紐約時報》就是有一個很強的傳統，我就是大報，我絕對不會去爭取什麼勞工，年輕人要看什麼帥哥、辣妹的，我沒有這些東西。但台灣不是呀，哪一個報紙能不登校園版，把校園美女搞出來，大報就像小報了嘛！這是市場造成我們的區隔無法形成。

○：你說研究西方思想史這麼久，很多西方學者或思想家對你來說都是典範；但另一方面，你又在各種場合提醒現在的讀者，目前的西方媒體，尤其像美國媒體這種偏頗的觀點，可能會產生不好的影響。這兩個觀點之間，你怎麼維持平衡？

◎：外國的學術界「幫派」很多的，同樣一個問題發生，右派、左派、反殖民派，各派的觀點都會出來。假如我能夠對各派觀點都有一定程度的理解，我們就會知道，只是主流、非主流之間的差別。比方說看外國新聞雜誌，我看了幾十年的《經濟學人》，可是只看它不行，因為那太右派了。以前我還特別去訂一份英國的《社會主義評論》，那是中間偏左派的，外國有很多左派的學報，像《新左評論》，我都長期在看。我們看各種不同的媒體就可以知道，一件事情會有不同國家、不同利益團體和立場的解讀，這時候你必須自己來判斷，選一個比較好的解釋角度，但前提就是一定要廣。

全世界所有的媒體裡面，我最佩服的就是《紐約時報》，因爲他們觀點比較折衷，知識份子的性格一直很強，看問題不會太偏頗，字裡行間還會有很多文采，以及很多値得注意的訊息。

程式代換與語言的囚牢

○：你對新的寫作文體，像網路小說也很注意。有什麼特別的原因？

◎：因爲要說小說史，最後一定要談到網路小說，一定要對它做評價，所以我最後一定會講到《僻寄生》，這是從小說史的角度。施耐庵爲了寫《水滸傳》，把一百零八條好漢每一位的圖像都掛在家裡，每個人性格分明。他爲什麼要搞得這麼複雜？因爲不能寫到最後不可收拾，不能矛盾顚倒，張冠李戴。可是我們網路小說沒有幾個角色，不但性格不清楚，又不像別人那麼豐富，很多情節都不見了。

人類的文學是從口語變成書面語，書面語跟新的口語不合，然後又重新再口語。網路小說就是文學的再口語化，這一點近代西方研究網路媒體、網路文學的人都講過。可是網路小說有一個特性，作者每天在網路上寫一點，讀者天天跟他互動，所以他常常爲了應付讀者的需要，相互搜證，弄到最後亂七八糟，爲了急就章寫得很草率。網路小說如果不能把草率的這部份去蕪存菁的話，將來一定完蛋的。

我們談文學的人面對新東西，都不能因爲它一開始很差勁，就否定它的價值，因爲任何新興事物在開始的時候，一定是沒水準的，可是讀者多了以後，它會越來越進步。

我也讀漫畫，甚至還有一套漫畫理論。漫畫最先是作爲文字的插畫而存在，很附屬，後來成爲文字的補充，並且越來越強，一頁文字，一頁插畫。可是從事一項職業的人都有職業尊嚴，不要成爲別人的附屬品，所以畫漫畫的人開始追求自己的自主生命，開始出現四格漫畫。透過四格漫畫，畫漫畫的人開始懂得用漫畫來說故事，從四格漫畫進入短篇漫畫，然後進入漫畫的短篇和長篇的小說。像《天才柳澤教授》這種漫畫，已經開始在寫散文了。它沒有很強的故事性格，它透過簡單的畫面，把天才柳澤教授某個時候的心理狀態表現出來，表現得很好，這就代表了漫畫語言和表達方式的進步。還有《新聞最前線》，是用漫畫來寫政治論文的。我曾經去政大的新聞學院演講，我說：不要讀書了啦！把《新聞最前線》拿來當教科書。它把一個新聞從業者所碰到的各式各樣的問題，透過各式各樣的故事講出來，眞的很棒。

爲什麼可以這樣呢？日本社會的漫畫讀者越來越多，這個行業就變成可以賺錢的行業，當一個行業可以賺

10550

台北市南京東路四段25號10樓之1

網路與書股份有限公司台灣分公司 收

廣告回信
台灣北區郵政管理局登記證
北台字第15343號

地址：
市 鄉／鎮 路 段 巷 弄 號 樓
縣 市／區 街

（請寫郵遞區號）

Net and Books 網路與書

讀者服務卡

謝謝您購買本書！

如果您願意收到網路與書最新書訊及特惠電子報：

一 請直接上網路與書網站 www.netandbooks.com 加入會員，免去郵寄的麻煩！

一 如果您不方便上網，請填寫下表，亦可不定期收到網路與書書訊及特價優惠！請郵寄或傳真 +886-2-2545-2951。

一 如果您已是網路與書會員，除了變更會員資料外，即不需回函。

一 讀者服務專線：0800-322220；email: help@netandbooks.com

姓名：________________________ **性別**：□男 □女

出生日期：_____年_____月_____日 **聯絡電話**：________________

E-mail：________________________________

您所購買的書名：________________________________

從何處得知本書：1.□書店 2.□網路 3.□網路與書電子報 4.□報紙 5.□雜誌 6.□電視 7.□他人推薦 8.□廣播 9.□其他

您對本書的評價：

(請填代號 1.非常滿意 2.滿意 3.普通 4.不滿意 5.非常不滿意)

書名______ 內容______ 封面設計______ 版面編排______ 紙張質感______

對我們的建議：________________________________

____

____

____

錢，厲害的人就進來了。同樣，芥川賞是嚴肅文學，以前地位是永遠高過直木賞的。可近年來不同，近年來得到芥川賞沒什麼了不起，得到直木賞比較重要。大眾文學的讀者越來越多，可以賺錢，所以厲害的人都進到這個領域來了，厲害的人進來了以後，他寫的小說就比不賺錢的那群人搞的芥川賞更有地位。整個漫畫語言的進步也是基於同樣的道理。假設網路小說因為年輕的人閱讀方便和喜好，變成一個不錯的領域，將來厲害的人就會進到這個領域來，就會寫出好的網路小說，道理是一樣的。

○：最近你寫到要學著複雜的思考方式，台灣今天這個簡單思考的問題，又是怎麼一回事？要怎麼樣才能學習思考這件事呢？

◎：近代的整個知識界都有這麼一個問題：世界越來越多元複雜，然而學術界的人並沒有花很大的努力去了解。當你不能透過更深刻的了解去掌握變化的意義，你就傾向於「世界是沒有意義的」，因此整個學術的進步和角色都越來越邊緣化，可是我不這樣認為。我認為儘管世界越來越複雜，它還是有個整體的東西，只是我們不用心，沒有去找到它而已。未來的人對於思想方法的訓練、了解問題的能力，要更強化才能應付新的需要。

○：要怎麼訓練？連知識界、學術界本身的人都在簡單化的情況裡面，一般的讀者呢？

◎：我的意思是要更加地用功。近代的問題是近代的人還沒找到新的方向。近代世界最後的一個方向是六〇年代西方青年運動所造成的多元化的趨勢。但那個多元化的趨勢到今天爲止還沒有被消化，沒有從這些多元化裡面，產生一個新的秩序，新的價值。一亂就亂了四十年。

○：爲什麼那麼長的時間沒法消化？

◎：很難。人類的進步，常常是有理想主義這一塊，社會現實這一塊，有文化限制這一塊，然後有人的品質能不能承擔的這一塊。很多社會經常是理想先走，可是社會整個文化還不能配合，人的品質還不能配合，所以這之中會有一個很長的糾纏過程。譬如說六〇年代，西方已經在談環境問題，性別和同性戀問題，可是到今天爲止我們的社會價值和制度還不能接受同性戀。假設以環境問題做爲經濟主導，開工廠的人生意都不要做算了，成本太高統統倒閉。環境的理想落實到制度裡面要花很多時間，所以我說人類理想、現實、人的品質拉不起來，就會出現很長的一段時間去調整。

○：那目前的台灣？

◎：我們尤其是這樣的。今天我們很自由，每種人都可以胡說八道，這些胡說八道全都是社會表面現象，沒有變成社會制度。同性戀說：我們要結婚。結婚就結婚！沒有人要管你，可是法律上也不承認，而且大家也不想把它變成法律。你就讓它存在，可是跟體制完全沒關係，只有跟新聞有關係。法國大革命的時候，是公平、社會正義那些價值最高的階段，大革命短短的幾年裡面便通過了三千項社會福利相關法案，可是那個時代的社會條件怎麼能夠消化這些東西，完全消化不了。有歷史學家說：此後人類二百多年的發展，就是消化當年大革命的那些東西，還沒有消化完畢。

○：對一般讀者來說，當他開始覺察到自己思考過於簡化，想要練習讓自己的思考變得比較複雜，有沒有一個基本的建議？

◎：眞正的思想能力的啓發，就是用方程式代換，這讓你的質問能力變強。什麼叫方程式代換？今天台灣二黨鬥爭，發生了某一件事情，我認爲A對B不對，假設我把B跟A對調，把A換成B，B換成A，你還認爲對不對？假設你有這種代換性的思考，很快的，原本那種雙重標準、邏輯不一致，基本思考的最大問題就可克服。

○：還是邏輯。

◎：對。只要不犯那個最基本的邏輯錯誤，你的思考能力就會增強。今天的台灣社會，偏好決定一切。我喜歡你，那貪污一點沒關係；我不喜歡你，貪污就不行。護短是整個政治社會最基本的邏輯糾纏的地方。假設我們代換一下，今天你是綠色的人，你接受阿扁亂搞，那我把阿扁換成馬英九，看你接不接受，如果接受就不要亂罵。不要犯最基本的邏輯自我矛盾，目前台灣最主要的問題就是自我矛盾。

○：這幾年你寫了這麼多跟語言有關的書，起點是什麼？

◎：當然是讀陳寅恪的書被啓發的。陳寅恪說讀書必先識字，要讀古書尤其要識古字，大概是這樣講的。近代人把古代的訓詁學看得很低，可是我憑自己的學術良心講，訓詁學很重要。清朝的人認爲，只有透過好好地讀古書，揣摩古代人傑出的思想，整個學術才會進步。我讀了滿多訓詁學的書，我覺得是把觀念搞清楚，把很多字的意思搞清楚。

西方社會也是一樣，很多西方的書都是開宗明義一堆字源考據，要把很多字詞最原始的意思弄清楚。把語言、字詞釐清，對我們去了解古代事物、了解思想的變化會很有幫助，因此我花了很長的時間在搞文字語言。另外，近代思想家發現，很多思考的問題都是跟言語有關；你怎麼設定概念，就決定了你怎麼去思考，而且就決定了你的答案。所以要把一個問題搞清楚，就要去查它的語言裡面所含蘊的邏輯。語言是我們的表達工具，可是往往也變成我們的囚籠；被關在語言的牢籠裡面，怎麼設定概念都是憑空給定，你怎麼想我都知道。所以把語言的問題搞清楚，想問題的方法會更準確，基於這個道理，我寫了七、八年，六本書。

對語言保持敏感，有助於思想的澄清。

文學是最大的綜合智慧來源

○：訓詁方面的書，你建議讀者讀什麼呢？

◎：台灣有很多書局出版古籍的書，像廣文書局出了一套書，清朝末年的時候有好幾個學者去整理中國古代的親屬關係，了解古代的親屬關係的變化，這是很瑣碎的考據工作。這種書是滿多的……像乾嘉學派的一個學者，是不是錢大昕，我在上海找一套他的全集找了很久，終於找到。

○：廣義上，對現在的年輕讀者接觸古典的中國漢學，你有沒有什麼建議？

◎：我建議像哈佛大學那樣去讀書，選一些經典著作，不設任何前提，讓小孩去讀，很可能包括《論語》、《中庸》、《十三經》、《楚辭》、《詩經》等等。你讓小孩自己去讀，讀了以後大家來討論，最後老師做講評。像我自己讀漢學的時候，就產生有過很多很異端的思想，很多研究漢學的人也承認，我是對的。

我跟很多寫文章的朋友說：我們寫文章的人，多讀一點漢朝的賦。很多人都說：漢朝的賦都是一大堆很華麗的字，讀那個幹嘛，死文字。我說：錯！中國古代的書，《論語》、《孟子》都是對話，那時候中國的文字很少，表達的觀念也不可能太複雜，都用對話的方式講一點簡單的道理。可是從春秋戰國結束，秦朝亡了以後，進入漢朝，一個大帝國形成了，社會富庶，讀書人增加，閒空的時間也多，便開始試著把字變多。我們可以注意到，一篇漢賦三、五千字，描寫一件事情有很多形容詞、名詞，字不重複，意象豐富。所以中國的古文字，無論是數量上、訊息上或者描述的方向上，開始大量發展是在漢朝。近代人的麻煩是認識的字越來越少，文采也越來越貧乏。

○：西方的東西呢？一般的讀者要如何接觸？

◎：我都推薦大家把荷馬讀一讀，又是故事書。我也最推薦莎士比亞和十七世紀西方的詩，尤其是英國詩。十六、七世紀是西方整個社會價值觀重建的時期，從莎士比亞一直到波普，這一系列詩人的詩都很說理，講智慧、人間道理。理論性的就讀讀柏拉圖、亞里斯多德，不會錯的。讀，還該讀原文的。眞的不難讀。搞近代的就把洛克讀一讀。只要不是德國人的經典，都滿容易讀的，德國人的特別麻煩。有做過統計，各大學生上完經典課程以後最恨康德，因爲那種東西跟美國人不來電，其他的課都有人去上，就是康德沒有人去。

○：一個讀者必須涉及的閱讀領域？

◎：假設是專業讀者，就讀每一個行業的經典著作。假設不是很專業性的讀者，就從文學經典切入，因爲有故事，有文采，讀起來輕鬆，而且會有立即的感受。文學是最大的綜合智慧來源。

詹宏志：Made by Books. Ruined by Books.

詹宏志雖然常說自己是個「書呆子」，過去我都以爲不過是他的自謙之辭。隨著這次訪問之前我仔細看他寫過的書，發表過的文章，尤其到實際進行訪問之後，我逐漸明白他說的是什麼意思了。

「我沒有其他知識來源，也很少跟活人接觸，是書裡頭講的故事，讓人嚮往的行動、概念跟某些生活的情節，不知不覺地會引誘你。有天如果在實踐的過程當中借用了或重複了所看到的東西，有些可能不適合，但有些就很契合，一點一滴就變成自己的 life style。」這是詹宏志動人的一段自白。

04

詹宏志：PC Home集團董事長。

蔡志揚攝影

〇：你經常背一個大書包，以前對你一個舊舊的皮書包尤其印象很深。你對書包一定有一套自己的看法與用法，我們就從書包談起吧，談談你怎麼看待自己的書包，如何選擇又如何使用。

◎：我有十幾個書包，大部分都是隨意得來的。像我今天用的這個書包就是五月底（二〇〇五年）去參加國際雜誌年會（World Magazine Conference）時候拿的。

之前我也用過幾個特別喜愛的書包。八〇年代初我在紐約的格林威治村買了一個皮製的包包，一直到九〇年代初，我都帶它，直到帶子斷了兩次，不能再縫，就放棄了。後來又用了一個有品牌的（Dolce & Gabbana），是朋友送的，可能東西裝太多，重量太重，用一陣子就不行了。這讓我有個感觸，如果有個很喜歡的包包，用久之後必須退休的時候，不免感傷。要避免這樣的感傷，就是避免跟書包建立感情，所以後來就隨便用。

我有一個朋友，絕不養寵物，因爲人的壽命往往比貓、狗長，所以越愛牠，生離死別的痛苦就越大。我第一次有這個經驗，是在年輕時候。那個年代收書買書不是很容易，當時我很喜歡收集書的特殊版本，大概收了將近一萬多本書。有天，報社老闆突然派我去美國，一個禮拜之內，我把父母親送去南部，把妻子送回娘家，屋子裡面沒有什麼值錢的東西，就剩一堆書，所以我把這些書分成四個部分，寄放到四個朋友那去。回來之後，有一部分，朋友很好心地送回來給我，有些也就沒去拿了。那種感受就刻骨銘心，人生無常，收藏多少東西，有一天說沒有就沒有了。不是不想留，是眞的留不住它。之後，我買書，隨著所得越增高就越敗家，但慢慢不再想收藏特別的書，而是買要用的書。如果朋友要借書，我也就讓他拿去。如此包括我自己寫的書，有的絕版之後連我自己一本也沒有了。

我有幾個類型的收藏，因爲和工作有關，所以量有點大。我有幾千本推理小說、幾千種旅行文學的書，那都是收了十幾、二十年了，上窮碧落下黃泉，全世界到處跑，到處留話，留資料給舊書店的老闆，希望如果看到書，可以通知我。我計畫這些收藏也許未來就捐出去，我兒子當然覺得悶悶不樂，爲什麼不留給他。只是我看過太多事，像胡適，這些人死後，家人各有各的發展，沒有人能對付這些書，所以最好在死之前趕快寫下，以後我死了，我的書都變成公共財，這樣至少還會有人讀。如果書屬於誰，那個人就一定是殺手，要不他太珍惜、不利流傳，要不他不珍惜，不知道這是什麼東西。書如果跟人沒有關係，意義就不大。

書包也是如此。我幾個最愛的書包都不堪負荷，先引退了，所以我現在用書包就很隨意，也很沒有紀律，今天想帶什麼就帶什麼。所以書房中十幾個書包，每個都裝有某幾篇東西、幾本書，有時候都忘了有哪些書在裡面。

◯：爲什麼總要把書包裝得那麼重呢？都裝些什麼？

◎：就是貪心。我看書很快，總怕手邊沒有書可看，所以每天早上出門前就會慌張地想，書包裡應該多放幾本什麼書。

我可能會有一大堆相關的資料、正在處理的文件要帶，可是只放一本書又很不甘心，怕有時候可能會突然想看某些書，所以忍不住就想多塞一點。好在做出版最不怕搬書，不怕書包重，所以書包中總是有很多本書。通常，都是些氣氛完全悖反的書，可能想跟一個題目搏鬥，所以放了一本歷史的書，又怕有些零碎的時間比較想看娛樂性的書，因此又偷偷放了兩本小說。

閱讀的快感政策

◯：網路上有一篇文章，寫詹宏志躲在會議室裡讀偵探小說——一個人對著書本的專注場景，顯然是個極其動人的畫面。

◎：我也看過那篇文章。那大概是指開會的時候。因爲我一定準時或者提早進辦公室，可是其他人可能容易被事情絆住比較晚來，我就會先看書，等其他人到，就趕快把書藏起來，大概是那時候被偷看到了。

工作之後，讀書時間越來越支離破碎，我在辦公室出了名，因爲我上樓梯會一面走路一面讀，在街上走路、過馬路等紅燈、搭公車，我也拿著書。時間零零碎碎，不湊起來就一點都不值錢。有一天我從凱悅飯店開完一個會出來等車子，坐在路邊就把書拿出來看，被一家周刊拍下來，還寫了一點半嘲諷的報導，類似「這樣子公司還會有人在經營嗎？」等等。我的時間的實情就是如此。如果不用這些時間，就達不到年輕時候那麼自在就可以讀的量。現在是兵馬倥傯，所以我學曾國藩讀書的方法。

我自己會在出版業裡做那麼久，也不完全是對出版那麼熱愛的緣故，因爲其實對出版灰心喪志的時候也很多，但只要到其他行業，都做不久，因爲會覺得怪，覺得少了一個東西，覺得上班看書罪惡感特別重。以前我在唱片公司，某天沒事就把書拿出來看，突然有人敲門，我嚇得趕快把書藏起來。後來想想，我是總經理，沒有人會開除我，來的都是同事，也不會怎麼樣，但我就是覺得這時間是別人的，看書是personal enjoyment，好像是用別人付薪水的時間做自己的事情，會很不好意思。在出版社上班，則可以理直氣壯地看書，因爲在那個時間看書，還可以幫老闆把錢賺回來。

看書對我來說像是酗酒一樣，無可救藥的陷溺，東看一點西看一點，心理上就感到開心。

○：這樣片段片段地閱讀，你怎麼延續印象？

◎：年輕時候完全不成問題。現在要接起來，花的力氣就大了，如果間隔時間長了點，就必須再看一下前面。但我現在也看得很開，因爲時間就是這麼破碎，看多少都無所謂，接不起來就算了，我沒有那麼在乎。年輕的時候，一坐下來看書，我就會拿出筆記，現在也不會了。讀書是打發生命，並沒有要拿它來幹嘛。我說這是閱讀的「快感政策」。

○：我記得你有早起的習慣，你的閱讀時間有沒有特別分配？

◎：我起得非常早，大概是四點半起來，那是最舒服的時間，這段時間我就用來看書、寫作、上網。我是鄉下人，本來就比較早起，但刻意這麼早是大學開始。熄燈之後，我就會拿著書到餐廳裡面，讀到兩點，然後回宿舍睡到六點起來。我養成一種紀律，讓睡眠長度維持在四到四個半小時。

後來到報社工作很晚睡，離開報社之後，第一件事情就是調回早睡早起，十二點睡，四點起來，一直維持了二十年，即使外出旅行也是如此，到那個時間就自然醒來。那時候周圍環境是靜止的狀態，這狀態跟晚上又不太一樣，晚上讀書是「漸入睏境」，早上讀書則是「漸入佳境」。當看完書要出門時，會精神飽滿，早上讀書不那麼時髦，但效率比較好。早上也是比晚上好的寫稿時間。我現在覺得，晚上需要咖啡、克補，需要一些搏鬥，早上就不需要，是在慢慢打開的狀態。早上的時間最完整充實，一出門，時間就支離破碎，連回家的時間都不可預測。

我大概八點左右出門，然後若是中午沒約會，在辦公室吃便當，大約有一個小時的時間可以讀書。我在工作當中最喜歡的一種情況是，訂好一個約會，但對方臨時失約，突然間多出兩個鐘頭，那是非常開心的事情。

○：晚上回到家之後你怎麼安排時間？都讀些什麼？

◎：我還是會看書，但現在比較不能對付硬的東西，因爲會疲倦，所以讀一些小說，一些比較輕的論述。年輕時，睡覺前躺在床上還都可以讀《方以智晚節考》，或是微積分。那時候腦筋清醒，現在精神狀態都有自然律在支配。

○：對於閱讀的空間，有沒有特別的講究？

◎：我有固定的空間，也有不固定的空間。固定的空間是我家裡某幾個位置。以前是書房，現在書房放電腦，一旦坐上去，書就變成配角了。所以我看書的地點主要在客廳的一張桌子上。它跟了我很多年，幾次搬家都留著，那張桌子很大，可以同時放很多書。我看書喜歡對照參考，所以有時會同時打開好幾本，我的習慣是如果看到人名，我一定查出此人的生卒年份，然後寫上去，產生一種check的功能。所以我很喜歡用那張桌子。如果是假日，我就會在一張面對窗外的沙發閱讀，那是relax的地方，連讀書的心情都不太相同。辦公室裡，我也非常喜歡會議桌。這桌子開會當然令人頭痛，但只有一個人的時候就很舒服。

這些年來，我尤其有點心得的空間是在候機室跟飛機上。因爲經常要花很多時間在飛機上，我看書又很快，所以一定要計算飛短程要帶多少書，長程又要多少。如果碰到轉機延遲的時候，就會出現青黃不接的問題，必須想辦法在機場補充貨源。這是中毒者的跡象，要按照劑量來，一天打兩針，如果沒有就會雙手發抖，口吐白沫，必須找到新的藥。所以我必須很有計畫。我不帶很多書出去，因爲會減少帶書回來的力量。有時候我也會帶一些可以在路上看完就丟的書，同樣的空間就可以換新書回來。

孤獨地透過書來解決問題

○：談一談你的閱讀習慣和方法吧。

◎：我讀書不是很有系統，但大概可以分爲兩部分來說。一是某一段時間，可能三年、五年，對幾個題目充滿好奇，我會比較有計畫地找相關書籍來讀，尋找淵源、建立自己的理解脈絡。其他部分，就是放縱自己看吸引我的題目，不管它有什麼意義、用途。比較有計畫的部分，大概都同時維持三到四個題目。譬如我曾經有過一段時間花很多力氣想了解public culture，包含批判面跟解放面，所以去讀有關的各家理論，想要知道一個大概的面貌。

比較沒計畫的部分，像十幾年前，寫完《創意人》、《城市人》之後，準備寫一個題目叫《旅行人》，還取了一個副標題：「關於行動的靜思」，或「關於旅行的形上學」，意思是說，人之移動，其中有一部分看起來沒有具體的動機，好像除了去把財富花掉之外，沒有積極的目標，然而事實上這裡面另有價值。譬如中國認爲讀萬卷書不如行萬里路，西方相信travel的教育功能，這行動本身一定有一個隱藏的意義。所以我想用帶著故事，帶著反省、理論的形式，最後提出一個新時代的旅行觀的小書。

會有這個動機，是從康有爲的《歐洲十一國遊記》開始，特別是拿他在裡面所說的話，去對照後來他所做的事，再以一個今天的旅行者的角度做比較。等到要動筆了，我覺得我擁有的故事還不夠多，就想應該看更多像康有爲一樣的旅行者，他們都基於不同的理由去了某些地方，待在某些地方，回來後改變成另外一個人。從他們的敘述、感受，我來看看更多的 why people travel 這樣的故事。

這是一九八七年的事。一開始我是找大家都熟悉的、有名的探險家，慢慢就找到更冷僻的作家，書已經沉默在時間膠囊裡的作者，越找越多，忘路之遠近，所以，等到我回過神來，十二年就過去了，然後蒐了一屋子這樣的書。有些書很難找，但幸運的是，我有一個姊姊剛好在美國圖書館學系讀博士，所以通過她的力量，所有買不到的書，就設法用館際交換的方式借來影印給我。這本書到今天都還沒寫，閱讀的過程對書的寫作幫助也不大。這些舊典不一定是經典，但在西方過去幾百年裡頭曾經是很重要的東西，而中文世界是沒有的。所以後來就逐漸產生一個計畫，成爲城邦裡面馬可孛羅的旅行文學。書都選好了，只是受限於我寫導讀的能力，出得太慢。

這個題目就是有點不期而遇。我不知道我在找什麼東西，就多看幾本，每一本都指向過去影響它的書，這些書在歷史上有個暗流，往上會溯到上游，往下會到下游，所以不知不覺就把這系統給讀起來。近年來這些題目的形成，我都持一個比較放縱快感的政策，看哪個題目讓我有感官上的歡愉。

○：透過閱讀來加強自己的能力，你這方面一直身體力行。不管你過去學電腦，還是花五、六年時間了解財務相關問題，你透過閱讀來獲取一些專業能力的方法，祕訣爲何？

◎：我是一個畏懼跟人接觸的人。很怕問人問題，也怕去上課。每當我碰上什麼不會的東西，就覺得沒關係，這世上總會有相關的書。所以，我習慣用讀書來解決工作裡某一技能的困難。

不會的東西就找書，這其實是在學校裡面的訓練，一個題目，怎麼通過書的尋找把它包圍起來。在出版業的生涯裡，我原來是一個編輯。但是在遠流的時候，我下定決心從編輯跳到 marketing 的角色。於是我把台灣所有跟 marketing 有關的教科書，跟談 marketing 的商業書找來，四、五十本都讀了，所有理論在內心反芻，試著在工作上驗證。這個習慣到今天還是一樣，每當遇到困難，或者新做一件事，比方說電子出版，要了解跟數位版權保護技術相關的東西，就是找書來讀。當然現在工具更多，不一定是書，可能透過 internet 就能搜尋到很多文章。

很多人書讀得很好，但是並不眞正相信書，沒有跟書反覆交談。我認爲書很少說錯，也不會讓人無所依從，我們不應該只按照表面來理解，而是必須反芻，扣問作者的鬼魂。這幾十年中，因為我的工作範圍一直在變動，讀書這個技能幫了我很大的忙，不然我每個月都要上課，三十年的東西可能要用六十年來學。我很幸運的在讀書的時候，有得到讀書的基本技能，整個學校教育，就是應該教會大家讀書的技能。

○：學會讀書的方法，應該是學校教育中很基本的一件事情，現在對很多人反而變成一個問題。為什麼？

◎：現在的教育系統，好像是在為大家找答案，而不是給找答案的勇氣跟能力。所以，從小學開始讀書識字之後，應該培養的技能是「我要怎麼自己去找要讀的東西」，怎麼把找到的東西用不同的方法混合起來，然後可以以自己敘述的能力表達出來，這樣才能占有它。如果一本二十萬字的書，可以用一千字說出來，那就表示讀懂了。這是一種技能，到了高中應該有完整獨立讀書的能力。

可是在台灣，到了高中，學生仍然被保護著，並沒有被要求孤獨地去選擇、去解決問題，而是被告知、是在複述教育者所知道的事情。高中生的讀書能力仍像是小學生，所以到了大學，當高中來教，獨立閱讀的能力都晚了一個階段。現在大學中老師還是講課太多，教的也只是他知道的事，照理說，閱讀世代應該是越讀越大，所以老師要給個範圍，讓學生獨立去讀，那麼每個人都讀不一樣的東西，閱讀的面貌就會不一樣，擴散出來力量就變得很大。他們也才有機會知道如何孤獨地透過書來解決問題。

○：你剛提到很多人書讀得很好，但是並不眞正相信書。請就這一點再多談一談。

◎：很多人看書是因爲覺得應該看書，而不是眞的喜歡看書、想跟書做交流。我常說，眞正的閱讀，是要和作者come to the terms，跟作者討價還價，這樣才能眞正得到東西。如果只是聽作者單方面地說，那只是鸚鵡一般的知識，不是眞正的知識。現在教育給學生太少自我執行跟自我表達的機會，也很少有機會讓他們選擇自己要看的書。而讀書的時候，很多人又太容易就按照字面的意思讀，並沒有眞的讓作者說出話來。你既然沒有扣問到作者的靈魂，當然是談不上相不相信他的。

我是一個相信書、會跟著書工作的人。我相信「Books never failed us」，因爲我會跟書反覆交談。舉個例子，當初《PC Home》雜誌要上市的時候，大家都知道marketing有四個P，因此要考慮Product做什麼，Pricing要做什麼。結果在開會討論的時候，發現同事對Pricing這個概念很天眞，要研究雜誌定價政策的時候，他們的方式就是看同類型雜誌的定價。結論是，如果要走高級路線，定價就是兩百到兩百二，如果要走大眾路線，那就一百二到一百五。他們把世界上已經發生的狀況當成一個範圍。

但是，如果把定價落在世界上已經存在的價格範圍裡，那就不叫Pricing，反而是不要動到Pricing了。如果眞的要用Pricing作工具，就要脫離世界上對價格已經熟悉的定義，要不就做比原有價格貴很多，要不就是低到變成破壞。每一個東西，原理都一樣，本來這四個P是策略工具，結果卻被理解成一種檢查項目。檢查是檢查過了，可是卻沒有想過眞正要做什麼。

對於一個更大世界的嚮往

○：除了借助閱讀來增強自己的專業能力之外，閱讀對於你的life style、飲食這些方面的作用又是什麼？

◎：我是made by books，也是ruined by books，是爲書所造也爲書所毀。我沒有其他知識來源，也很少跟活人接觸，是書裡頭講的故事，讓人嚮往的行動、概念跟某些生活的情節，不知不覺地會引誘你。有天如果在實踐的過程當中借用了或重複了所看到的東西，有些可能不適合，但有些就很契合，一點一滴就變成自己的life style。

我的父親是八斗子人，他吃飯是無魚不歡。魚，還一定要是海魚。他對魚的理解非常深刻，我因爲常跟他一起去買菜，在旁邊看，所以只學到我父親的十分之一，就已經變成我同輩間最會買魚的人。我對家鄉某些食材的體會，沒法像我父母親那麼深，相對而言，我沒有那麼固著，在文化上我是流浪的人。但我目前的生活跟我的父母有很大的不同，因爲接觸的東西太不一樣了。我讀大量的西方書籍，就會反映到廚房裡頭，例如書的作者提到某種特別的菜，有天若眞的看到，我一定會買回來試試看，所以我的廚房有很多異國情調，這不是我的父母親有機會接觸到的。我透過閱讀，學會做許多沒有去過的地方的菜。也許有一天眞正到那個地方的時候，會發現我做的根本不是那地方的菜。但起碼就目前來說，就算我做錯了、說錯了，現場可以指正我的人很少。

四、五年前謝材俊跟我提到他想開一個叢書叫做「一本書」，概念是每個人心中一定有一本書他非常非常喜歡，想把它介紹給別人。他想找一堆人來推薦，我說如果你不介意，我就提供一本食譜。這讓旁人嚇一跳，可能沒有人想到這些食物書寫已經在我身上起了一陣子的作用。例如伊麗莎白・大衛（Elizabeth David）的書，這已經不是現代化的食譜，不精確、不好用、也沒有圖，但是有強烈的散文跟考古性格，這是我所指的食物書寫，或者叫做 food narrative，是泛指對食物的態度，各式各樣的書寫。

我後來意識到不只翻譯的書，台灣本地的食物書寫力量也大起來了。過去寫食物，只有人文背景式的逯耀東，或者以回憶爲主的唐魯孫。前者是用行動來尋找失去的味道，後者是在夢中尋找家鄉跟他年輕時候的滋味。但現代人足跡廣了，能寫各國美食的人越來越多，新一代的品嚐者，經驗是豐富的，穿透其他文化能力很強，講法國菜等各種系統的功力越來越高，本地創作的力量也在發生，所以可能food narrative在台灣有機會成爲一小支，這個範疇的建立，看起來是在發生中。

○：那麼旅行呢？你是一個很愛旅行的人。旅行如何跟你的閱讀互相呼應？

◎：「讀」永遠比「走」能到更多的地方。我去一個地方之前，會讀很多關於那個地方的書，所以到達之後會看起來像是對那裡很熟悉的人。我有一次跟一群人到日本旅行，坐慢車，停在一個很大的站。我突然間想起一本推理小說，就跟同行的人說，我們應該下來，對面等一下會有快車，能更快到達我們要去的地方。下車後過兩分鐘，就眞的來了輛快車，我的朋友問我是不是到過這個地方，其實沒有，只是突然想起那本書提過。

讀很多關於一個地方的書，好處是去到那裡，如見故人，有一種熟悉感，每個地方變得比較容易料理。我第一次去漢城，就帶了很多日文的漢城導遊書，還把所有韓文字母的發音用日文記住，記了大量的菜的名字，幾個要去的餐廳。這樣下飛機到旅館，在腦中想一下地圖，就鑽到一家在小巷子裡的店，看起來很熟。因爲書，使得一個陌生地變成很容易料理，這是現代導遊書的知識，有情報的性格，古時候的書沒辦法寫得這麼詳細。

我一旦想去一個地方，行動還沒發生，書就已經發生了，可能會把幾本guidebook都讀上幾遍。我對路徑要怎麼走，好像已經熟到可以跟從那個地方回來的人談，但我其實沒有去過。這是一個典型的行動侏儒所代表的意思，書給了我慾望要去，可是書比我的行動早走了許多，因而產生很大的陷阱，就是少了與一個陌生地方「遭遇」、「不期而遇」的機會，少了一點驚奇。可能所有的工作都太可預期，也可能寫書的人品味不佳，讓你失去溝通、碰撞的機會。所以更好的方式應該是找一點平衡：聽一點書的建議，然後再任性一點把所有的書都收起來，到街上去遊晃。

○：你也接觸過電影、繪畫這些書以外的不同閱讀標的。都是如何對待？

◎：眞實的人生是在書之外，所以，最終的對照一定還是要到生活上來。但人生苦短，不是有那麼多機緣來接觸那麼多東西，書就變成一個替代性的經驗，可能有點皮毛、有點空虛，但它給我機會讓一輩子可以過二十個輩子的經驗。你可以談一個地方的菜色，但你從沒去過那個地方，這是書的力量，只要讀了書能懂，就樂趣無窮。我讀書的目的不是爲了書，而是對於一個更大的世界的嚮往。我希望有機會能跟眞實世界面對面。書是個替代也是個媒介。也許眞正面對面的經驗是書不能替代的，但是因爲它，我才會有那麼大的勇氣說哪天要去某個地方。

我們小時候讀書環境那麼糟，爲什麼還可以創造出那麼大的力量？小時候我讀一本黑白的西洋藝術史，第一次看到梵谷的畫。黑白的照片沒辦法表達細緻的色彩與層次變化，但是那幅畫就深深烙印在腦海中，對美感經驗也有影響，這成了一個動力，有天一定要去追尋。等到眞的站在美術館那張畫前，眼眶就熱了起來。我們來自那個時代，那麼少的憑藉卻可以把人帶到那麼多地方，眞是神奇。書其實是一個召喚，是要你去見眞實世界本身。現在有更多更好的書，可是書不是憑藉的全部，有更多可替代的東西，所以書反而沒有過去那麼有力量。

網路訊息的關係由使用者決定

○：你覺得這二十年來台灣閱讀環境最大的變化是什麼？

◎：書從太少變成太多。書從很珍貴的占有到變成有點多餘、到不想照顧它，這是不一樣的痛苦。我有時候不能想像，爲什麼家裡有這麼多書，但我的小孩在書架間走來走去，卻沒有意識到書的存在，沒有任何強烈的動機去看書。這是很大的變局。小時候家裡每一本書，我可能都會看上五遍十遍，聽到同學家中有一套世界童話全集，就分三個週末到他家看完。一個鎭上能找到的書就是那樣。每天就只想找到有字的東西，把它看完。那個村子太小，書也太少，進到城裡，發現新的來源，就很開心。一直到八〇年代初，走在重慶南路，每家書店每個禮拜陳列了哪些新書我都能指認出來，這社會的總生產還沒超過你的負荷。現在就不可能了，進入書店會感到迷惘，數量太多跟沒有方向都讓人困惑。現在我們有個很新的課題是，不論身爲個人還是群體，我們怎麼來料理社會上這麼多書。書多一定是好事，但也帶有些困難，這些困難沒解決，那些好事就不會明朗。

○：那麼網路呢？你是怎麼看網路閱讀，以及電子書這些東西？

◎：電子書可以說是印刷形式上不同的書，但 internet 就是完全不一樣的東西。跟電子書比起來，那是一個更大的存在，像是一本非常大而豐富的書，有一萬頁但是沒有編頁碼又散落一地，網路是比我們過去熟悉的印刷的世界更大的知識跟資訊的來源，但處理能力比書麻煩得多。如果沒有好的訓練，網路的幫助其實很小，只會讓人迷失。

書是經過處理的東西，作者、編輯可能提供了架構。Internet 則沒有。網路眞正的價值是它可以用迅速的方式搜尋、取得已經存在的訊息。這是傳統書籍沒辦法比擬的。但網路是困難的東西，因爲這些訊息彼此之間的關係是被使用者決定，如果不是使用者自己體系井然，力量發揮不大。網路需要高階訓練才能產生力量。不然，就只能在其中東竄西竄。好處是訊息跟行動可以連結起來，例如購物，從引發興趣到了解到採取行動，可以在一條線上完成，在眞實世界，這是分開來的。

○：以前你講過百科全書是讓人感到假性博學的東西，現在網路也有這種作用，這兩者之間的差別是什麼？

◎：網路比任何百科全書都大得多了。所以從某些角度看，百科全書的價值低很多。每一部百科全書都有當時編輯的要旨、基本想法，所以百科全書可以提供的概念，跟你要相信它的方法很接近。但網路全部是要看使用者，它訊息很多，但有時候很難料理，因爲訊息太多了，有跟沒有一樣。網路幾乎是另一個眞實世界，需要自己建構，需要導引。但是單一要取得一個事實，網路比百科全書更快、更具體、更豐富、更多元。如果你是一個有相當判斷能力、有使用書、有知識訓練的人，網路已經大大減少了查詢百科全書的機會，幾乎取代了百分之九十。

○：你原來對《大英百科全書》全書三個架構Micropedia、Macropedia、Propedia的評價，在網路版出現後，有什麼變化？

◎：網路有了《大英百科全書》後，其意義已經完全不一樣了，它從讓你感受到占有世界知識的角色，變成是幫你認證（reconfirm）世界知識的查考項目。網路上的版本已經不是你取得知識的第一站，而是要確定這些知識是否可靠的第二站。

《大英百科全書》的三架構，某種程度上可說是在一個還沒有數位工具的時代，率先顯示數位時代可以做的事。Micropedia跟Macropedia之間的關係，就很像今天網路的「層」的關係。第一層Micropedia的部分，可以讓我知道的東西可以這麼多，如果我想知道更多，就到第二層Macropedia的部分。實體《大英百科全書》過去用字母來排列內容的時候，並沒有分層的概念，知識的多寡已經預先被決定了，哪個條目重要，就寫兩萬字，不重要，就寫一千字，使用者沒有辦法自己決定。八〇年代之後，《大英百科全書》開始使用Micropedia、Macropedia、Propedia的架構，幫助我們可以快速查考，或者深度檢索。而今天，網路本身已經是最好的工具，可以分很多層，來解決逐步擴大的需求，使用者可以決定自己要停在第幾層。

至於Propedia，其實是未來知識架構的展現。當時沒有科技工具，但它用一個新的方法告訴你最後知識可以形成這樣。Propedia其實就像今天的fuzzy的索引，是個模糊查考的概念。百科全書的一個困難是它用條目來查考，如果你不知道條目，就沒有辦法查。也就是說，我們一定要先知道問的問題是什麼。如果看到一個詭異的現象，例如有人畫圓老是畫出兩個半圓，沒辦法畫出整個圓，看到這個事，但不知道是怎麼回事，這是沒有辦法查百科全書的。但是Propedia出現之後，可以一步一步用知識架構去看，這到底是屬於哪一個問題，最後查到腦神經學，然後再到Micropedia去看，最後把那個條目找出來。

現在像Google的查法是用單詞比對，這並不是眞正碰到問題的狀況。眞正的狀況多半是要問模糊的問題，所以詢問的對象、機器，要有像人一樣的知識範圍概念，今天的科技有這種fuzzy indexing，雖然還不完善但已經很厲害了。最新的搜尋技術，特別像是智慧型搜尋網站www.ask.com，就可用自然語言來問它了。《大英百科全書》的Propedia就是把人的知識範圍做一個大的架構出來，讓你一步一步逼近，從問題的性質一路查詢，找到最後的答案。他們了不起的是在八〇年代初就做出二十年以後的科技才有辦法逼近的東西，所以那個架構是很未來性的工具書。

◯：今天可能由於網路搜尋資料的方便，讓我在看一些年輕人寫的文章時，很可以感受到他們資料旁徵博引的豐富。但是看他們作結論的時候，又經常有抓不到重點、難以聚焦的狀況。這種現象你覺得是什麼樣的問題所造成？

◎：可能來自大部分人太快問自己一個題目，又太快找到答案，並沒有去想這個問題如果有答案，我們會得到什麼。所以如果結論有困難，可能是題目有問題。寫文章或論文，終究是要用探問的方式去逼出一個結論，如果我們沒有花力氣去處理題目，其實很難有力氣處理答案，結論就會游離或者模糊。

我有一段短暫的教書時間，能感覺到學生普遍有的問題。他們從來只注意尋找答案，而不覺得問題是要處理的。對於一個問題，既然要花很多時間去找答案，就值得先花時間搞清楚這題目要幹嘛，能幹嘛。也許光是這樣的問法，我們就會知道這是否是可以幫我們逼出答案的問題。

我經常會聽到很多假問題，這是在某種概念以下被強迫放在一起的問題。例如我常會被問「你覺得文化跟商業是否會有衝突？」我認爲，這兩件事情是互相存在著複雜的混同跟包容，沒有辦法直接放在對立面上去。文化裡面有經濟法則，經濟法則裡面有文化。眞正的問題或許應該這麼問：「當經濟法則推到極致，跟文化發展到最純粹的時候，兩者是否可能會走到不同的地方？」問題這樣問的話，才可能會有答案。但如果說文化跟商業是否有衝突，這題目就不知道怎麼答，因爲這題目是不清楚的，不知道要怎麼料理。

○：你覺得「假問題」最大的特質是什麼？

◎：如果仔細想，就是非常模糊的問題。看起來是個冠冕堂皇的問題，但其實是個含混的問題，因此也不會有清楚的答案，而是各式各樣嘟噥不清的東西。

市場教導的謙虛與力量

○：你曾經在一篇文章裡寫到：「從我崎嶇不平的生涯看來，文化工作者擁有的力量可以比他想像的還大一些。如果有年輕人問我如何做到，一時之間我可能會覺得靦腆，不禁囁嚅地說：『或者學一點經濟學？』……」回顧你經過的路途，大學念經濟系，對你來說應該是人生極重要的一件事。一個愛好文學的年輕人讀了經濟之後，改變了他認知這個世界，以及面對這個世界的角度與方法。你後來在人生幾個重要轉折點上，都可以看出它的作用與影響。你怎麼看待經濟學？

◎：當初讀經濟是一個意外。我本來是想考文學院，但是當時男孩子讀文學院是要鬧家庭革命的，所以偷偷想去讀政治系。由於塡志願的時候，要擺幾個門面在上頭，我沒有考準，就變成經濟系了。

讀了經濟覺得有趣，因爲它在解釋人的行爲，特別是核心事物（經濟、選擇跟支配的行爲）中，很多分析跟平常用未受訓練的眼睛所看到的世界很不一樣，覺得有些震驚。像市場這個概念，光是談市場支配，所有人自私的行爲竟然可以帶來理想國式的效果，這對一個懷抱理想的年輕人來說當然是很震撼的，他原本以爲理想是要靠犧牲來完成。當你明白市場可以做這麼多事情的時候，你就會比較謙虛，不會再那麼莽撞。我再也不敢說，這本書賣很多，就是笨蛋寫給笨蛋看的書；也不敢說，因爲某一個東西有市場或者無市場，在社會上的價值就自然有別。這兩個其實是有重疊的部分。一本書暢銷，既不能擔保它是壞書，也不能擔保它是好書。一本書不暢銷，也不能擔保它對社會有意義或無意義。你會發現這是兩個不一樣的尺碼，沒辦法做成一個對應的架構來處理。

我們大學時候，幾個文藝青年，寫詩集賣不好，就會批評這社會沒有水準。他可以用一個比較輕鬆的態度來看待這件事，但我不能。我會想很多，一本書賣不好，是表示社會在當下不需要它，並不是它不好。如果這書有價值，我應該尋求一個非市場性的架構來處理它，如果用到市場的架構，就更應該善用這個市場，並針對它的結構。光是這些，就使我跟同輩的文藝青年沒有辦法站在一個完全一樣的態度上，我跟浮士德打交道的機會就多了。

○：後來呢？

◎：這些是我用來分析，以及下所有決定的主要訓練。我對市場遊戲規則有一定的尊重。如果我想取得銀行貸款，那我要明白銀行貸款的市場是什麼，取得資金的原則是什麼，那些要把錢給別人的人邏輯是什麼，他們要什麼。

我如果用social的方式，我一定達不到目的。我出一本雜誌，需要它很長久、很自給自足地走下去，就要知道那個法則，弄清楚它是要有廣告還是沒廣告，如果要有，那個廣告pool要有多大，我要知道很多事。要編一本書或規畫一本雜誌，我會希望所有參與者要解決這麼多問題，一個都不能少，因爲那是要把它放到市場去的時候，重要的依據。廣告有廣告的市場，影響力有影響力的市場，要怎麼找到它的邏輯，然後盡我們所能，把這一部分的條件作足。

這樣看起來，編書、賣書的人，不再是社會中的弱者，它可能是有力量的人，這使他們不需要跟任何人乞討、不需要跟政府打交道，完全可在現成的社會體系中自給自足。我也不認爲這些東西要用庸俗跟下流作代價。庸俗有庸俗的市場。學術書裡面有好東西跟壞東西，通俗書也是，它是不同的市場，而不是一個上、下的市場。如果這樣來理解，作少量書有少量的方法，作大量書有大量的方法，基本上都是市場。所以，我會思考的是原則，比方作侯孝賢的電影，如果不能用傳統的方式來賣，那麼應該怎樣來賣，書跟雜誌也都一樣。學經濟，使得一個人想用理性力量解決問題，不想用社會上既定的強勢、弱勢分類來定義。

○：為什麼還是會有人對你另有不同的意見或看法？

◎：這是我自己的問題。可能是我的話自己也聽不懂，別人又怎麼了解？我對工作的態度跟想法，不是所有時候都在說，都能說。我的態度和方法，在社會、文化上相信是少見的一方，我也不覺得奇怪。只是如果看其他成熟的資本社會，這反倒很典型，在台灣則算是比較帶有破壞性的，對原來熟悉的體系重新洗刷的意味。這是工作的方法很不同，背後的哲學也不一樣。

受到批評，有時候也是令人沮喪，但有時候覺得難以避免，沒有花太多力氣想它。有時候也會碰到人家問我，是否離開遠流是因為跟王榮文意見不合；從城邦退休，是否跟Tom.com意見不合。我都覺得很難回答，意見不合本來就是我的風格，這從來不是問題。我每天都跟所有人意見不合，我enjoy這意見不合。這是工作熱情的來源，不是一個要變化的原因。變化有其他原因。如果我要作我自己相信的事，很難避免跟這社會意見不合。

拿剛才說的Pricing作例子，眞正的Pricing是要離開現在大家已經存在的範圍。工作也一樣，要做一個有力量的行動，一定跟社會有滿大的格格不入，不然就是跳進同一個缸子跟模式。創業者通常有個特質，就是覺得全世界都錯了。當年看沈登恩、王榮文那個時代，每個出版社的出現，都是因爲有一本書沒有人出。有人覺得這書很好，但老闆覺得不能賣，一氣之下，就自己開個出版社。創業的動機就是有一個要證明的事情出現，現在這可能不是一本書的概念，可能包含一個領域、一個做法，這就是這社會每天要冒出來有趣的事。如果你是企圖要做什麼事的人，對社會有魯莽的衝撞，弄到彼此都有瘀青是在所難免。這也是我比較看得開的原因。

○：你會對所有沒讀過經濟學、市場行銷的人，推薦什麼書籍？

◎：每本書都行。如果讀一點有趣的書，可以看看《改變歷史的經濟學家》（海爾布魯諾，志文），是一本有趣的書。若講行銷，可以看看《行銷戰爭》（*Marketing Warfare*, Al Ries, Jack Trout，遠流）。作爲行動的幫助，沒有讀過其他書比這本更好。每次要出一本雜誌，我就不知不覺用這本書的分析圖來構想。

漂流的機會

○：你剛才說，對你而言，閱讀的出發點是由於對人的畏懼，或者不善於跟人接觸，才從書中找答案。請再多說明一些吧。

◎：我講的主要是知識性的部分。其實我讀書大部分都不是爲了知識，都是讀沒有用的書，可是我碰到問題，要接受新的工作，必須要有全新的相關知識。問活人會害羞的問題，問死人不會，所以從書架上把書找來，讀著讀著就可以知道是怎麼回事。其他時候則不然，讀其他知識目的之外的書是因爲嚮往這個世界，透過一個比較安全的方式去進行。

我就是一個很自閉的人。很怕人多的地方，也很怕跟陌生人接觸。我今天要去見一個工作上必要的，但不認識的人，總有很複雜的心理過程。對於party，更是讓我痛苦不堪。

○：你最早什麼時候發現這種傾向？

◎：比較明確的時間大概是離開報社之後。以前在報社工作的時候，我想到新聞工作要每天出去跟人打交道，就坐立難安。到那些場合，我常常會沒有話題。跟生意人打交道，他們講一堆高爾夫、講去哪裡玩、酒色財氣，我沒有話題可以用，所以得去找一點東西。所以那個時候我就讀面相書，這樣別人就可以進入你的話題，打開僵局。

因此在報社的那段時間，我喜歡待在辦公室裡。我跟五、六個人工作，他們做我的耳目，我自覺有點像推理小說家Rex Stout筆下一個叫做Nero Wolfe的偵探。他是一個胖胖的人，很恐懼出門這件事。他愛美食、愛蘭花、愛讀書。他收費昂貴，腦筋清楚，唯一願意離開座位的時間是上樓去種蘭花。他不用出門，全部用聽的，就可以下判斷。

但是那時候我還不知自己有那麼大的問題。等一九八三年我從美國回來之後，有半年的時間完全不願意出門。出了門，在路上遠遠看到有認識的人過來，我會避開。接著一段時間我跑去做滾石，去開咖啡店、唱片行。後來才到遠流，那好處是公司很小只有八個人，我有一個閣樓房間，不用看到其他人，一做就十年。之後，這性格越來越明顯，也越來越有條件說我不要出去，只是不得已有很多場面必須去，去扮演各種角色。在報社的時期，在圈裡頭被誤解相對現在而言是比較少的，因爲那時候比較活躍，也比較願意跟人溝通。現在是再也不出門了，也沒有人知道你在想什麼，變成一個神祕的人。神祕就會變成強烈的正反兩面，也有可能被當成隱藏的邪惡。

○：接下來你打算要怎麼善用退休後多出來的時間來閱讀？

◎：我先下定決心不要作出版。

○：眞有這麼大的衝突嗎？

◎：倒也不是。只是已經糊里糊塗地從事三十年的出版，如果人生只能做一件事情，有點可惜，因爲只有一次的生命時間，那也許豐富、有趣一點較好。過去三十年，我做同一個工作，掛同一種型態的微笑，那麼規矩，有效率，像機器人一樣不動情感，這有點無趣。如果可以改行去做做另一種人，可能自己會開心一些，所以大膽一點先把自己的某條路先斷了，才可能去追尋那個很不一樣的路。

生活這件事還是很有樂趣的，只是跟以前型態不同。我有點機會看其他跟我很不一樣的人，他們也有看起來比我快樂很多的時候，所以希望能有機會去做另一種人，過另一種生活。但是什麼我還不是很知道，先流浪一下再說吧！以前的和尚找不到答案就去遊走四方，也許路上比較容易想出什麼事來。我現在是這樣想，先給自己一個放浪漂流的機會。

本文原載於Net and Books主題書《閱讀的所在》，文字整理——莊琬華。

關於經濟學及行銷推薦書的對答，補充於二〇〇七年一月。

鄭松茂：微型的人生

05

做出版工作最有意思的地方之一，是很多時候你正在思索一個問題，正好就會有一位作者，或是受訪的人出現，跟你呼應或討論。我在二〇〇五年十一月訪問鄭松茂的時候，正是如此。當時我剛對自己如何改變生活節奏這件事有點心得，體會到很多事情要「少一點才能多一點」，就在訪問他的時候聽他提起了「微型人生」的理論。也因此，後來每當我自己接受採訪，談到我的生活主張時，我都會把「少一點才能多一點」拿來和「微型人生」一起談。也從對方的反應中，我才體會到，這兩個觀念並不是那麼容易爲人所接受的。

和鄭松茂的這段訪談，一方面讓我鞏固了當時新得不久的生活主張，另一方面，他提到的一些觀點，也在我那時身心俱受嚴厲考驗的關頭，給了一些很深刻的參考。

鄭松茂：「意識形態廣告公司」共同創辦人、董事長。

蔡志揚攝影

○：我們的題目是，當許多人都在重視、追求「多一點」的時候，何不改換個角度來思考一下「少一點」的觀念。你會怎麼看「少一點」呢？

◎：我是個很晚開竅的人。以前，我只想努力工作成爲一個專業工作者。我相信，只要比別人專業、比別人努力，就可以達到一切。可是等你生意開始不好了，等到你做得不順了，你就會開始想：爲什麼會這樣？就跟生病一樣，你會抗拒、你會懷疑。然後你才慢慢努力思考一個問題：「爲什麼會這樣？」

後來慢慢覺得，自己其實並沒有像過去自以爲的那麼厲害。像我們這種四年級的前段班，碰上台灣經濟正在起飛的階段，我得到的許多東西，其實跟timing有關係，跟社會的環境有關係。你能得到的很多東西，其實都和你自己無關。只是過去你不會這樣想。

最近（二〇〇五年）新聞公布大陸富比士的財富排行榜，裡面有個丁磊。他二十幾歲，來台北演講，我也聽過。已經多少年了，他都是中國Top 10。我聽一位網路業者說過，其實我們的網站做得比大陸好，quality、概念、策略都好，但就是市場小。他那邊市場爲什麼大？除了人口多以外，是因爲他們有一個timing，大家都在耕耘一塊原始的市場。十年後的中國，也不會再有這個機會了。所以時機很重要。爲什麼這個時機剛好就做這個事？因爲你恰好就在幾十年前被生了下來。可是我們以前都覺得只是靠自己。以前，我相信成功要靠你的「觀念」，加「意志力」，加「行動」。可是今天我會想：也不見得吧！同樣的「觀念」，加「意志力」，加「行動」，放在不同的階段，有時候會成功、有時候就失敗！

人通常都要追求多、追求大。這個社會就是教我們要大，大到有點月暈效果。月亮看起來好大，但其實不是本身大，而是旁邊的光暈，好像這個才是主流。

因爲要追求，所以就投注他所有的能力，甚至包括正當的和不正當的手段。

大約五年來的時間，我比較洩掉一些氣，但這個洩氣不是沮喪，而是有點像是調整飲食習慣的意思。即使你能吃得很飽，但寧可吃七分飽一樣；就算你有十分的力氣，仍然最好只花個七分。所以我最近都常說「把餅做小一點」。

○：再多談談「把餅做小一點」吧。

◎：把餅做小一點，不代表把公司做小一點。實質上就是慾望不要太強烈，不要有太強烈的慾望。我們爲什麼會有強烈的慾望？就是我剛剛講的，我們從小就被教育，也自我教育成要追求大、追求多，從沒有想過這裡面的問題。從來沒有人跟你講：你的人生雖然跑了最後一名，可是你比別人多看了幾朵花。我們沒有這種價值觀、人生觀，台灣太不多元了。如果說我在背叛自己的過去，我其實也在背叛這個社會的一種價值觀。

我會想到要「把餅做小一點」，有許多原因。家庭方面，我兒子已經長大，在讀大學，他也知道自己以後要幹嘛，對他，我很放心了。在公司，你知道有哪些事情是你辦得到，哪些是你辦不到的——譬如說我不可能去擁有一個跨國的傳播集團。這都很清楚。我越來越知道哪些事情對我是不可能的，然而這些「不可能」不會讓我沮喪，而是讓我比較清楚自己剩下的「可能」是什麼。

這樣說，雖然慾望少一點，但我覺得毫不影響自己工作、行動的力量，甚至還會增強。因爲你的挫折會減少，不舒服、不愉快的感覺都會比以前少很多，這樣相對是比較健康的。

停下腳步，瀏覽路邊的風景

○：這是一種生活哲學的改變了。

◎：新聞說，台灣人的工作時數世界第一。而廣告這個行業，可能是台灣各行各業中尤其不輕鬆的行業。

我講一個例子。我兒子小學二、三年級左右的時候，沒有人問他，他竟然就主動跟他媽媽說：他這輩子絕對不要做廣告這一行。當時我聽了，沒當一回事。可是我現在明白爲什麼他那麼小就有這個體認。因爲他不要以後過我這樣一個禮拜工作七天，每天回家的時候小孩子都已經睡著了的生活。我常常都是兩、三點才回家，不是去喝酒，是加班。我們工作的方式都是這樣，一個禮拜工作七天，每天可能都是超過十四個鐘頭！而從專業的衝刺、到形象的創造、到業績的提升、到利潤的極大化，所有那些努力的衝刺，後來想一想，因爲太陷在那裡頭，其實是沒有生活的。而且回想起來也不開心！

我想起將近三十年前的一件事情。當時日本喜歡搞很大的東西，譬如說他們要搞整個地球，所有汽車廠的slogan都是人、車、地球。那時候養樂多卻做了一個活動，邀請各行各業傑出、並且在一九七五、一九七六年剛好自己生了小孩的人士，針對這些當時剛誕生，到進入二十一世紀的時候則已經快三十歲的小孩，寫一封信給他們，告訴他們應該怎樣走自己人生的路徑。

我印象最深刻的是有一位女性寫的。她給自己孩子的信裡說：你如果要在人生的過程中努力地衝刺，我覺得很好；但是如果你在這個過程中，偶爾不想跑了，要坐在路邊休息一下，那也很好；如果在這過程中，你看到路邊有美麗的景色，乾脆要停下來瀏覽，那也很好。人生，並不一定要跑得比別人更快、更遠。

如果一個歐洲人花很多的時間在想他的生活、他的人生的話，這方面相對而言我們想的最少。因爲我們的時間、精力還有我們的價値觀，根本全部都是在想我怎樣更專業？怎樣把公司搞得更大？個人也好、社會也好，我們追求的組合裡面，事業、工作是占據了絕大部分。

這是一個偏食的社會。我前二十幾年的工作，其實是一個偏食的生活。所以慢慢體會到要做小一點。小一點不是指生意一定要小一點、也不是說客戶再少兩個，那就不要做了。應該是說觀點跟感受的問題。現在，我希望工作對我心理的影響是越少越好。可是這並不代表我的工作力量會減少。

◎：這應該是上了年紀的因素，跟喝紅酒無關吧。

○：你這幾年也愛喝紅酒。有些常跟你一起喝酒的朋友，說你人都變得柔和起來。這也有關係嗎？

◎：這是從我兒子念大一開始的。大概也是五年前的事。

○：你這幾年還有另一個新喜好，就是愛看小說，大量地看小說。這又是怎麼開始的？

以前，我自以爲最喜歡閱讀的是哲學。可是看到我兒子進了大學，才大一的時候就那樣讀哲學，我才知道自己眞是門外漢，完全沒有進入。看他那種讀哲學的狀況，才知道哲學是一個非常有系統的訓練。我兒子每天花十四個鐘頭K書，從大一到現在。他的學院的系統跟訓練，和他投入的時間跟精神，讓我覺得要改換一種閱讀。應該說我是被我兒子啓發了。我覺得文學是比較可以自由、輕鬆的選擇。

○：再加上心境的改變。

◎：可能吧！

○：那最近呢？

◎：前一陣子我跟你說，我都在讀跟大陸有關的小說。我這趟從上海回來比稿，五個禮拜，大概近三週完全無法閱讀。我回家如果要看個什麼東西的話，就是看電視。然而，比以前好一點的是，我花最多時間在看Discovery，還不算是在殺時間。而且，閱讀已經成爲衡量我內心狀態的溫度計。我現在認爲所有的事情都應該是順其自然。譬如我現在看不下書，那我也不勉強自己，因爲我知道反正有一天還是會重拾書本。或許我這兩、三個月都在讀大陸的作品，現在是覺得夠了。不知道接下來還會有什麼變化，可是至少我知道這個變化的起因，是因爲我增加了兩個大客戶。我明白也好、不明白也罷，它肯定會產生一種巨大的影響，所以我接受這種狀態。

○：你談了很多有關個人的「少一點」這種觀念的調整。現在我們換個角度來看。當我們剛開始企畫這個題目的時候，有些人聽了表示，台灣現在已經夠蕭條的，現在應該是要鼓勵消費，鼓勵多一點擴展的時候，你們怎麼反其道而行？你的意見呢？

◎：（從面前桌子上擺的一堆書裡拿出一本）這本《湮沒的輝煌》裡面談了這麼一段。

孔子到洛陽去找老子，老子當時是圖書館管理員，兩人有一段對話。孔子跟老子說：你那個無爲而治是行不通的，而今天下洶洶、禮崩樂壞，民眾苦到了極點，有智慧的人應該以天下爲己任。老子就說：不對！我們說的無爲是要做到從外表不著痕跡，不費周章。譬如蓋一棟房子，在最初就把所有可能發生的問題都考慮到，所以蓋完之後看來似乎輕而易舉。無爲就是無不爲。無爲不是什麼都不做、躺在床上。

所以，少一點應該也是同樣的道理。你用一種更放鬆的態度的時候，你可能更有一種人的感覺、人的智慧，你可能做了更正確的判斷、事業做得更成功。事業成功不是因爲你努力，更大一個原因是你做對了決定。所以人應該保持一種可以隨時做最好決定的狀態，而要保持這個狀態首先就是不貪心、不要有錯誤的慾望。去除掉一些在你做決策時會干擾你的因素吧！現在回想，當年自己看這些網路的新聞、誰發牌什麼的，那種內心的騷動啊！你調查大學生的偶像是誰？張忠謀、林百里、王永慶，這個最糟糕。糟糕不是說不能這樣，而是說它的理由在我看來是錯誤的、危險的。

○：為什麼危險？

◎：譬如說，為什麼能有王永慶？我覺得首先是那個時代，國民政府撤退來台灣，關鍵性的決定，就是這個台灣島上要有幾種重要的產業。所以這個故事不能簡化成一個小學畢業、從小家裡貧窮的人，因為努力賣米，努力工作，所以他就賺到台灣最多的錢。這種錯誤的理解是很高度的危險。而且那個時代也不再了。

再看Docomo。Docomo因為太成功了，所以它很難拋棄在2G上的成功，好好往3G布局。可是他的競爭對手，一個大家都沒聽過，叫KDDI的，因為知道2G搞不過Docomo，所以他們很早就花很多時間、財力在3G。現在3G出來了，後來Docomo的3G業務、收入只有KDDI的幾分之一。這對我來講就很震撼。現在太多這種例子了。現在的大企業，基本上脫離不了全球化的競爭，用資本密集跟技術密集競爭的思維。可是現在任何成功都維持不了多少年，再大的投資也不一定能成功，成功了，也可能是你下一個失敗的開始。

可是過去不是。以前國泰人壽、台灣塑膠、新光人壽，他們就算一年做錯三個決定，也死不了，頂多是效率低一點就是了。但是今天卻是會要命的！所以我現在對企業充滿一種幻滅感，不要去玩這種遊戲。人要了解自己，我現在知道自己的性格，我不是那種類型的人。說起來，我現在很像兒子小學三年級的時候。當時他就是知道自己將來不要做廣告。

「少」的手段

○：我們來談談廣告好了。你曾經講過，做廣告的角色就是左手接客戶的需求，給他一個專業的total solution，然後把客戶的預算，轉給右手那邊的媒體。你要幫客戶想一個total solution的時候，是需要從「多」面向來思考的，而廣告訊息的本質，又著重「simple」，簡化。在「多」與「少」之間，要如何酌量考慮？

◎：現在講廣告，跟以前講廣告已經很不一樣了。早期的廣告不過就是平面廣告，後來多了電視、活動、公關、網路……越做越多，可是它的目的都是一樣的，就是要改變消費者的態度，希望消費者買你的產品或是增強對這個品牌的偏好度。可是，偏好度也只是個過程，最後都是要成交的，到最後全部都是生意。現在的溝通越來越困難，媒體越來越分散、競爭品牌越來越多，total solution翻成白話文來講，就是要把所有你認爲能有效改變消費者的力量化整爲零、精簡。

以前很多都是一個產品一年拍一支廣告就搞定了。現在每個月我只跟你說一件事。這個月的這件事還要拆解成更小：網路擔負四分之一的功能，電視擔負五分之一的功能……現在做廣告叫做多工少酬，多工就是去切割到更細膩的想法、去配合更多元的媒體空間。如此靠這一群切割得更小、更多的組合去影響每一個個人。它的中間經常變，但是頭尾沒有變。頭就是廠商，尾就是消費者。所以simple minded就是在這個過程裡面，讓每一個切割出最小的溝通單元都要很單純。

其實這跟你們一家出版社一開始是分系列到最後變成子公司，不都是一樣的道理嘛！不然從表面的語言來看，經營一家出版社就已經很累了，幹嘛要經營十家出版社！可是十家出版社並不是一家出版社十倍的工作量，它可能是更有效率的。

廣告非常追求溝通的效率。我們講一對多，一個廠商面對這麼多消費者只能透過媒體，所以你要透過這種很沒有效率的方式來產生最大的溝通效果，這裡面就有很多的技巧，其中之一就是劃分階段。這個階段可能是一個月或一年，每次我只跟你溝通一件事，這件事才能被比較多的人所充分了解。這樣做的背後是效率，是

「多」、不是「少」。「少」是它的手段，不是它的目的。

○：那請多談談手段的「少」吧！

◎：我們習慣的語言，就是叫做 simple minded。這是很策略的啦！譬如一個三十秒的影片講了三個重點、五個重點，到最後就是沒有重點，因爲記不得。記不得就是沒有效。所以，它是一種經驗的累積。譬如說，一想到海倫仙度絲就會想到去頭皮屑，從這個產品誕生到它下市，就只會想到這件事，就是這種洗髮精去頭皮屑最有效。像 P&G 這麼大的一個公司，它出一百多種洗髮精，做分眾，但是它對每一群分眾只做一件事。除了去頭皮屑的，要烏黑亮麗的也有，但都是不同的品牌。

所以，「少」和「多」聽起來矛盾，是因爲在語言和文字上，事實上不會。如果要講到工作或公司的經營上，對我來說，區別在於有思考和沒思考。沒思考的時候就是要多、要大，有思考的話就不一定要多、要大，但這背後的差別在於，以前是順著主流價值觀，現在是順著自己思考過後的一種新的自然。

皮膚就是神經，風一吹就痛

◯：廣告這個行業最大的特質是什麼？

◎：我的個性很強烈。做廣告這個行業，大體上來說也算是正確，因爲我有一種本能就是一直想要說服別人。我樂於跟別人有不同的觀點，如果我沒有跟別人觀點不同我會覺得很不舒服。可是這個行業又帶給我很多不同的挫折。

廣告圈其實是一個很扭曲的圈子——所有做決策的廠商其實都比廣告圈的人不懂廣告，所以才要外包給我們做。可是我們做好的東西又要回頭給他去核可，由他做決策。外行領導內行是避免不了的。我都五十歲了，在這個行業也有三十年的資歷了，但是今天出去提案的時候，客戶那邊很可能就是一個剛畢業的大學生要來挑我的問題。

我之前聽廣告圈一個朋友說過一句眞是至理名言，不過也是很矛盾的名言。他說：「我最好的作品在兩個地方，一個是在垃圾桶，一個進了櫃子裡。」總之，就是統統沒有被採用、執行的。這個行業的本質就是這樣，所以大家都在罵。有時候，大家離開客戶的會議室，上了車就開始一起罵。同業去pub交換的，也都是哪個客戶有多爛。

孫大偉要離開奧美的時候，我寫了一封信給他。我說：像我們這樣的廣告人，已經沒有皮膚了，我們的皮膚就是神經。即使是微微一陣風吹過來，我們都覺得好痛。鑽研得越久、做得越久、越投入的結果，是你越不耐挫折。正因爲你已經不年輕了，所以你才會更受不了！

總的來講，以前我太容易受情緒的影響，這些情緒都是從工作得來的情緒。

○：後來你怎麼調適自己？

◎：以前會問自己「爲什麼要做廣告？」後來讀了《抵達之謎》之後，明白了。這本小說裡面，沒落的貴族有一個破舊的農場，請了一個穿著很光鮮、每週都要回倫敦參加party的人。像他這種人根本就不應該這樣委屈自己到這個農場來，從生活、到意志力都這樣自我委屈。可是他就是要做啊！因爲這是他的job。

這種事太普遍了，我剛好是個廣告人、又做得很久，所以比較有體會。如果我現在剛好要去開一個會，但是因爲知道那個會議是不會很開心的，我在開會前就會跟我同事講好會議結束之後要一起去吃冰淇淋。本來它會影響我兩天，我現在只讓它影響我兩個鐘頭、甚至是兩分鐘，因爲已經給自己一個很能balance的組合了。如果我喜歡咖啡的話，我要去喝咖啡；如果我喜歡shopping的話，我要去shopping。這是我人生的一部分，如果我的專業和自由意志力都要被扭曲或壓抑，對我情緒上會有很大的困擾。因此我需要把它縮小。

何況，再想想，遊戲規則是有決定權的人決定的。可是他思考的前提跟你不一樣、他思考的邏輯跟你不一樣，而你帶著自己的前提在過日子、在做你的工作。越是有成就的人，他越會覺得自己的前提是正確的。這種正確前提的自我認知，其實是人類不快樂的泉源。因爲越相信，所以遇到的挫折會越大，所以痛苦會越大、憤慨會越強。我現在越來越討厭自信的人，包括我自己、我的朋友。

○：這裡面有感到什麼犧牲嗎？

◎：圈內都說我的收費比較貴，而且比較會跟客戶談錢。客戶要折扣我就不接了，但是我並不是因爲錢的關係。而是那代表，你並不是眞的對我有一種最高的尊重。錢只是一個尊重的物理呈現，我以前是這樣看的。但是現在那種把價格拿來當做客戶對我們尊重的衡量尺度，已經沒有那麼重要了。不只是錢，其他的也不能太在意了。一來我越做越久、越資深，二來我跟客戶的年紀越差越大，以前我的客戶年紀比我大，現在我的客戶年紀比我小、而且越差越多，所以我現在不能太在意了。

剛開始做廣告的時候是，我提三張稿子去，客戶如果選中其中一張我就好開心。做到後來是，我提一張稿子，客戶也同意了，可是如果這個過程磨了三個鐘頭客戶才同意，我就好不開心，覺得這個過程很不舒服！可是現在不會了，覺得這也沒那麼重要了！

到現在，如果拿一個攝影師來比方自己，我拍了一百張照片，與其想自己挑最好的那一張，不如就讓最後有決定權的那一個人挑吧！我只負責拍。這樣一想的時候，我拍起來就很輕鬆了。有時候，我也不免懷疑這樣是不是有一點自欺欺人，不過至少我覺得它非常有效。

承認未知的力量

○：今後的廣告公司，會如何不同於過往？

◎：這十幾二十年，世界上主要廣告公司不斷出現老品牌逐漸消滅、集中化的現象。這個邏輯走到最後，大品牌就是股票要上市、追求利潤。可是，它上市，它的競爭品牌也要上市，結果大家就互相抵銷，不管是在利潤或是其他方面。所以這個潮流好像是讓單一廣告公司集團化、全球化，可是收益的難度又越來越高，然而股票上市以後又要追求利潤、股價，所以處在一個兩難的狀態。於是大企業一方面要開源、一方面要節流——節流這部分，就是要在盡可能的範圍內聘用比較便宜的員工。

所以現在相對來說，我們的競爭優勢就似乎越來越好，因爲都是資深的廣告人，我做了三十年了還是在第一線，除非我現在不如以前，否則我們還是不斷地在進步。而我客戶的競爭品牌則是被另一群人服務，那一群人是在一個股票上市之下的跨國控管團隊，他們的人力素質在某個程度上是用薪水在控制的。就廣告來說，這兩個企業品牌的服務團隊的能力差距是越來越大。

○：像集團化的這種現象，不是有一陣子了嗎？爲什麼最近才感受特別深刻？

◎：當年大家不斷地說集團化和全球化對廣告集團是有好處的，原因在於初期你要搶占market share、擴大營業額、利潤，所以可能是正面的。然而，等大家都這樣做的時候，效益就抵銷了，不見了，但是股票已經上市了、每個月都得盯緊報表。

二○○四年看到美國TM跟P&G兩個負責marketing跟廣告的主管的採訪。我印象最深的是他們都不約而同地說：現在我們的廣告公司關心他們自己集團的股價，遠超過關心我們的股價。換句話說，今天廣告公司對他們自己利潤跟生意的注意，遠超過對客戶的。怎麼會扭曲成這樣？

以古典的廣告精神來說，就是你在做黑松汽水，不管你走到哪裡你都要喝黑松汽水，這是一種commitment，你一定要消費客戶的產品。可是現在已經不是客戶第一、客戶優先了，現在是你自己的壓力優先。你的壓力來自於你的regional CFO要求你每個月利潤是多少，因爲做不到就換人了。所以客戶從你這裡得到的好處是什麼，對你來說已經是次要的，是行有餘力才能考慮的事情。總而言之，因爲股票上市之後，很多的行爲就改變了。

很幸運的是，我沒有股票上市跟老外的老闆，這是很重要的關鍵。我常常在想爲什麼這麼多的人都要經營企業到股票上市？股票上市是一個永無止盡的電扶梯，你一上市以後，就算兩腳不動也會像踩到第一階的電扶梯，它會把你往高處運送，都不能停下來，這就是上市的命運。可是有的人喜歡上市我覺得也很好，因爲資本主義的設計就是這樣，所以我們只能做我們個人的選擇。

○：去大陸發展的事，你想了很久，今年終於下定了決心去上海發展，請談談這方面的想法和看法。

◎：我本來也沒想去上海，後來還是去了，去了就要有一點成績，自己給自己一點交代。我曾經用「二次創業」的說法來形容我去上海的決定。但是後來想想，不應該用「二次創業」，因爲當年我們創立「意識形態」

的時候，並不是眞想創什麼業，只是原來的工作不想做下去，又找不到新的工作，沒有辦法的事情。因而，眞正有計畫地要在一個市場上開疆闢土，打下一片天地，去上海這一次，倒更像是第一次創業。因爲是眞正的創業，所以我的心理、精神都處在一種很特別的狀態。

然而，我才剛去，剛把辦公室、住家弄好不久，在台北又出現兩個很重要的新客戶，我又要把很多時間留給台北了。所以，現在不要說生涯規畫，我發現連計畫都是很不眞實的。

到了這個年紀又加上這些體驗，越來越知道冥冥中自然有一股力量在影響你。

我去上海才多久，一回來做個體檢，就發現好多身體的各方面都改變了。我的客戶不同、員工不同、回的家也不一樣、吃的東西不一樣、所有東西全都不一樣以後，你以爲你做了很妥善的安排、把一切都搞定了，但其實你是被搞定的！被一股力量搞定了，你哪有做了什麼？你只是做了一點你能力範圍的一點安排，這個安排的極大化也不過是整件事情的九牛一毛而已。把那個大小看清楚了以後，心情比較平和，我因此就不會太有情緒。

從這裡來看有一組相對的兩個東西，一個是你可以掌握的是什麼，當然不可否認的是有更多你不可掌握的。不可掌握的部分我希望有一個可以輕鬆應對的方式、態度。可以掌握的部分則絕對不可以鬆懈。我覺得以前不明白，現在比較明白，一定要把這兩件事情切得很清楚。

從這裡再看，我覺得「小」的意思是，我比較承認太多我所未知、不明白的力量對我的影響，大過我以爲我可以影響、改變的事情。現在對這個力量的大小有一種新的體認，所以我現在算是比較務實、比較面對現實吧！我能做的，我盡量而已。但是我絕不因爲我盡力做了，我就以爲我理所當然可以得到什麼，我覺得那沒有任何邏輯關係。我們早幾年在說要把餅做小一點的時候，是因爲有一個跟我們在小學時完全相反的體認。小學的時候說人定勝天，其實長大後慢慢明白是勝不了天的，不管是叫天、命或是什麼其他的。

○：那你現在又怎樣看待你的台北公司呢？

◎：去上海感受到那裡的脈動速度之後，回頭再看台北，覺得太靜態了。所以利用這個新客戶加入的機會，我們要把在這裡已經很長時間的辦公室搬動一下，稍微積極一點去創造一種復興的感覺或氣氛。爲了未來的發展，我們也以尋找新的合夥人的態度，在尋找新的工作夥伴。但不論怎麼發展，要把餅做小一點的信念則是不會變的。

「微型的人生」是自我定位

○：看來你的整個人生都有了很大的變化。

◎：一般的生涯規畫，好像是一條邏輯性的橫線。工作這一段就是從小公司到中公司到大公司，到更好品牌、更高的位階。然後再來是退休、旅遊……可是我後來就顛覆這個想法。我希望把這個橫向的線變成垂直的。最好我每一天的時間裡都有很好的工作感覺、很好的工作過程、很好的工作結果跟呈現，因爲我要服務我的客戶。之外我還有生活的感覺、我還有生活的內容。如果一天的時間實在容納不了這麼多內容，那就用一個禮拜的時間吧！如果這五天不行，另外兩天我一定要去過一點日子。

如果說一般人看到的那條長長的橫線是人生的話，我現在注意的一條條短短的垂直線則是「微型的人生」。「微型的人生」不是生涯規畫，而是自我定位。

我到最近比較明白，人最好早一點明白，他的人生追求到底應該怎麼組合。追求有很多不同的追求，還有組合與比重，到底要有哪幾個因素來追求？每個人要把因素、比重這些東西確定下來。能夠越早確定的人越幸福。以前什麼是幸福？成功嘛！你也知道指的是事業、財富、成就。可是我現在覺得成功是，你越接近你要的組合。但這個前提是你對你的組合要很明白！因爲不明白你就傻傻地走啊！走到有一天你才發現自己好像滿幸福的，或是好痛苦。幸不幸福好像都是事後的歸納，可是追求什麼你事先就要弄清楚。

偏偏我們這種東方社會的學校很少教我們這個。所以我們得到的都是要成爲偉人、人上人，進社會就要成功、做到最高階，走到你走不動的那一天爲止。我看過一個例子，美國IBM的副總裁突然覺得他要花比較多的時間給自己的小孩，所以他請調到IBM的倉庫管理員。這種例子太少了。這當然只是一個極端的例子，可是這種人我覺得他是明白人。

人在他臨終前那一刻，如果迅速地回憶他的人生，能夠含笑而終，那是我最希望追求的一件事。

○：在你的「微型人生」裡面，你保留給自己最快樂或是最後的園地是什麼？

◎：每個階段不一樣。像我最近沒辦法閱讀，可是我最近就很早睡、很早起來，我大概有十幾年沒有這樣；有時候十點多就睡了、早上六、七點就起來了，以前可能六、七點都還沒睡。前一陣子起床就閱讀，現在沒有辦法閱讀，就起來走走路。

以前會說動一動，現在是走走路，以前的動機眞的是爲了動一動，現在可能是爲了看看別人的人生。對我來講可能是把現實的世界當作一本小說來閱讀。我在大陸時，還特別把自己想像成某一個像上帝這樣的作家，正在寫某一本小說中的某一個小人物，所以行走的感覺就很不一樣。

◯：在台灣的時候不會這樣想嗎？

◎：台灣太熟悉了。去大陸比較容易想命運、際遇這件事。在台北跟大陸是兩種心情，這邊什麼都沒有變。

◯：對於那些在僵局裡沒有想通，或是已經覺察到要改變但卻動不了的人們，你如何建議他們小小地改變一點，如何採取一點步驟？

◎：我覺得是認知的問題。

我剛剛講現在我早上出去走動。本來的認知是，我出去散散步，但現在我覺得自己就好像是出去讀一本小說。經過一個豆漿店，你會覺得他們也是小說中的人物，你可以有很多的想像。這種認知可能是最好的治療方法。其實每個人做每件事，都是要給自己一個理由。人就是不斷的在衝撞，衝撞的時候帶著一些理由，碰壁之後又要找一些理由。

事情看多了，就越提醒自己，到了這個年紀，終於要有一次是比較冷靜清晰地了解自己是一個什麼樣的人。假如我不是一個到六、七十歲在專業上還可以不斷精進的人，那就不要走那一條路了。了解我是一個什麼樣的人，適合走什麼樣的路，我就去走那一條路。如果那個就叫成就、幸福、那個就叫可以含笑而終的話。

我們生活在這個世界上，有太多不會改變也難以改變的事情，因此唯一可能改變的是你的自我詮釋。你的自我詮釋會影響你的自處之道，你的自處之道會影響你未來的路。

○：有沒有什麼特別要推薦的書？

◎：我發現西方有一個習慣，好像是每一年都要重讀一本或幾本書，我記得我有一次不知道是讀了哪本小說，書中的主角每一年都要重讀《浮士德》。我最想重讀的書還是《抵達之謎》，它好像已經變成了我的一種……講鄉愁不知道準不準確，它已經變成我心裡面的一種認同的原點之類的，這也很難形容。

我剛剛說一對穿著光鮮的夫妻在一個沒落的貴族的農場當個經理，其實我在看的時候就覺得太認同了。那用到我身上也成立啊！爲什麼人都這麼努力的工作、追求、用心的安排，可是都處在一種很矛盾的狀態，很不合理、不合邏輯的狀態。

本文原載於Net and Books主題書《少一點》，文字整理——沈小西、藍嘉俊。

Akibo：像釀酒一樣地釀夢想

06

Akibo的本名是李明道。但是知道李明道的人一定遠沒有Akibo多。

我最早聽說Akibo，是一九九三年左右，剛買了一台蘋果的Powerbook，也有樣學樣地玩了一點繪圖的軟體。後來人家拿一張Akibo的圖給我看，覺得那個時候就能把繪圖軟體用得如此厲害，眞不簡單。

二○○五年，同事告訴我，在浩瀚網路大海中，有一個小站叫作AkiAkis。那是三個機器人離開小島去尋夢的故事，也是一個父親爲兒子親手創作的床邊故事。聽說這是Akibo所架的站之後，我就想去見他，聽聽經過這麼長的時間，他在做些什麼。

Akibo是李明道的父親從小對他的暱稱。Aki是「明」的意思，Bo是「Boy」。

Akibo：多媒體美術設計。

蔡仁譯攝影

○：你說是因爲工作關係常常不在家，沒法爲小孩講床邊故事，於是就做了這個網站，來彌補這個遺憾。那是怎樣的背景？

◎：我有兩個孩子，六年前，老大Angelo四歲，老二Peter三歲的時候，我送他們去加拿大居住，媽媽也去陪他們。

出國之前，我一直是個忙碌的爸爸，平日我接的案子很多，每天總要工作到很晚回家。回家的時候，孩子已經睡了；早上醒來之後，孩子又出門了。幾乎沒有看到他們的時候。只有週末，才和台灣一般家庭一樣，帶孩子去郊外走走。夏天，則去玩玩水。

他們去了溫哥華之後，起初，雖然也會偶爾想念他們，但也沒有什麼特別的感受，反正就是每兩個月會去看他們一次。

大約一年後，發生了一件事情。我父親中風住院，我去陪他，他屢屢要交代遺言，要跟我說什麼，我都說不急，不准他說。可是沒多久，他跟著腦幹中風，這一下子完全無法言語，我要和他交談也沒得談了。有兩個星期的時間，我在醫院陪著他，卻完全無法和他交談或溝通。後來，他就走了。這對我衝擊很大。

父親一輩子栽培我學美術，卻從來不知道我在幹什麼，臨終也沒法跟兒子好好講話。我覺得非常遺憾，沮喪了很長一段時間，完全無法創作。後來一位朋友知道了我的心事，就問我，除了你父親之外，你心中應該有第二順位啊！現在應該和第二順位的人溝通了啊。我想了一想，我有第二順位，那就是我的兩個兒子。

於是，我決定開始創作，爲兒子創作。我的夢想就是取悅我的兩個兒子。所以，眞正要說有什麼背景的話，一切起因於父親的去世。

○：怎麼開始動手做？什麼時間做？做了多少時間？

◎：有一次我回溫哥華，兒子看我皮膚曬得很黑，問我：「爸爸你去了哪裡？」我說我去潛水啊。兒子很好奇，又問：「海裡面是什麼樣子？」我靈機一動，決定就用潛水這個主題，跟兒子分享海底奇觀和身在其中悠遊的快樂。

在一次離家的飛機上，我創造了一個機器人Bubble，之後發展成連載故事網站AkiAkis，講三個機器人搭船離開小島去潛水的故事。

那時候兒子們很喜歡皮卡丘，我的目標就是要把他們搶過來。

我一直覺得創作是一種生理需要，就像肚子餓一樣。父親去世時，我有一段時間都不想吃東西，直到爲兒子開始再創作，才又找到新的飢渴，新的力量。什麼藝術理論都不在我的心上，只想爲他們服務。他們喜歡的就好，他們不喜歡的就不要。所以機器人的故事情節完全照他們的意思發展，沒有正常邏輯。只要他們喜歡我就很高興，他們反對我就重畫。每畫出一個新故事，我就趕緊用e-mail通知他們上網去看。

做這個網站，花了我大約一年的時間。

每個週末，我都自己躲在家裡做。自己畫，連音樂也自己做。我會先買好兩天的菜，回家時把車停得遠遠的，然後把門關起來，把四周的窗帘都拉下來，也不敢把客廳的燈打開，爲的是不讓鄰居知道我在家，以免找上門來聊天、串門子。我畫圖很快，安排互動才是苦功。

我很專心地畫，雖然我的觀眾只有兩個人。

想像力的限制是大人給的

○：孩子他們也很樂意和你們互動嗎？你記得他們最早是怎麼回應的嗎？

◎：開始的時候，花了一些時間。我每兩個月飛過去看他們一次，小兒子常對我說：「爸爸，我跟你不熟。」但是每當我要走了，兩個人都哭得淅瀝嘩啦的。

過了兩三個月，才開始得到他們一點feedback。

Tano在海底被地震打昏的那一段，他們開始緊張起來。我故意逗他們說是要安排Tano死掉，但他們堅持不肯，要求它不能死，所以我就又設計一個救命裝置把它救活。等他們有要求的時候，那是十分溫暖的。

跟他們開始互動之後，我就密切觀察他們最近喜好的變化，隨時調整我的故事。我每次去加拿大的時候，他們會來機場接我，接我的時候還會帶紙牌，紙牌上畫的，就是他們那一陣子感興趣的事物。譬如說有一陣子他們迷太空，我就安排機器人在海底發現太空梭，然後遨遊宇宙。最可怕的是，有一次我看到他們畫的是恐龍，上車之後，他們一下子告訴我好多個四個音節的恐龍名字。但是畫恐龍是會畫死人的，所以到現在我也只在尾巴的地方加了一點點。總之，一句話，我是爲取悅兒子而做夢。

這樣下來，我手下畫出的這些機器人逐漸成爲我和兒子之間最好的溝通使者。原本「跟我不熟」的小兒子，後來會坐在我膝上跟我一起討論AkiAkis的劇情。小孩子層出不窮的點子也給了我很多新鮮靈感。

和孩子在一起，那是一個never ending story。

◯：Fu、Bubble、Tano的原型是？

◎：Bubble是Angelo，Tano是Peter。Fu是我家的狗。

兩年前，我兩個孩子也都又回到台灣來了。要他們回來的時候，他們說是要我給三個good reasons（足夠的理由）才行。我就說：

一，每人都有一台電腦。

二，可以讓他們養狗。

三，可以讓他們每天都看到爸爸。

他們就說這第三條不成理由，不算。

我現在把生活都繞著他們發展。譬如工作室，我原先有一個工作了很長時間的地方，但是爲了讓自己可以隨時很快地見到他們，搬到一個離家只有十分鐘的地方。而我要出去上班的時候，他們會設法不讓我上班，用枕頭和椅墊等等塞住門口，不讓我出去。

◯：在這個網站上，你說：「希望孩子用想像力來閱讀故事，所以沒有對白，也沒有旁白。」你認為現在的孩子想像力如何？最大的問題是什麼？

◎：小孩子的想像力是沒法限制的。也不必擔心。當初他們在台灣和加拿大之間來來去去，本來也擔心這個擔心那個，但是後來發現都不必。

孩子的想像力之受限制，都是大人自己給的。

我送兩個孩子去畫室學畫。一個畫室是拿書給他們參考著畫，一個是講故事給他們，讓他們自己畫。我就覺得後面這才是對的。像我晚上講故事的時候，會給他們故事書。但是畫圖時，不給。

小孩子不應該先成為創作者，而是應該先成為欣賞者。

美國一個兒童美術教育家去上海訪問，說看到大陸的小孩學畫竹子，一畫就是三百片，然後再學畫其他部分。總之，是先把技法練好。她認為這是因為中國的美術工具裡，只有文房四寶的關係。而西方則不是，工具很多。所以西方的教育裡，不先急著培養他某一種技法，而是先讓小孩子多熟悉各種工具與各種可能。中西之別有沒有高下，她沒有下結論。但說出了事實。

我總覺得音樂可能要從小就練。但美術沒這回事。但台灣的美術教育，要到很晚才知道不見得一定要學素描。其實，技巧，如素描，隨時可學。何況，會素描，不過是美術的許多表達方法中的一個而已。

相對地，我看到西方的情況就和我們大不相同。有一次看我的孩子在加拿大上一個陶藝課。他拿了一根鐵片，大腹便便的老師走過來說很危險，就收走了。在台灣，這應該就結束了。可是等了一會兒，我看她走過來，拿了一根竹片過來告訴我的孩子，他們可以使用這個來做代替品。我覺得這才是大人對孩子應該的態度。

後來我看他們做木工，會在木頭上釘上釘子，再在釘子上用毛線綁出自己和名字，所以我也會教Angelo用筷子來拼一艘船、也教Peter用一塊麵包加上一些蔬菜當臉的部分象徵，烤一分機器人比薩。

給孩子這樣的環境，他們就會天馬行空地亂想。現在他們常常會幫忙編劇。

Angelo還幫我另一個網站Appapapa.com作曲。

小孩都有創作慾在心裡，只是我們沒有給他們一個出口。

○：我最喜歡「Tell Me More」那一段，音樂和畫面都極動人。那個故事是怎麼發想的？

◎：差不多整個站完成的時候，就想做一個精華的摘要。讓這個摘要可以表達整個網站的精神。

其實，這是一個愛的故事。那是朋友們共同出發去做一件什麼事情，相互幫助，而且等完成後回來，大家有一個共同的回憶的故事。

我的機器人，應該都和人類的世界是一樣的。想到我的朋友中有一位是坐輪椅的，所以就也安排了一個那樣的機器人。

○：怎麼看待現代的親子關係？以及父母對子女教育這件事所要扮演的角色？

◎：我現在這樣對自己的孩子，是受我父親的影響。

我父親受的是日本教育，很嚴格，不能撒嬌。父親要講什麼故事，就會講一個幕府將軍的故事。會講有一排柱子，其中有一根特別高的時候，要把它打下去。而我就會想，爲什麼不把其他的柱子拉高呢？

我很怕我的父親。小時候早上賴床，媽媽怎麼叫都沒法把我叫起來，可是只要爸爸的拖鞋聲遠遠地一傳來，我就會立刻跳了起來。所以到台北來讀書，早上不肯起床的時候，弟弟就會說，要不要把爸爸的拖鞋寄上來啊。

我媽媽也是受日本教育，也是對我們有很多期望，經常會對我們說將來要有出息。

我自己開始的時候也不喜歡小孩。記得太太要生Angelo的時候，我在去醫院的路上，心裡還在想這下子麻煩大了，以後是一輩子的事。可是等到了醫院，才看到小孩從產房推出來，我立刻就說，我還要一個。

我說過，父親受日本教育，我和他的溝通很少。有一次和他去花蓮回來的路上，和他有過一次談話之後，才算是跨過了一條線。那以後，他就讓我當家作主，什麼事情都會問問我的意見。

我們的溝通雖然有限，並且在他最後的日子裡，因爲沒有給他充分時間講他想講的話，也帶給我莫大的遺憾，但是他卻留給我一筆最大的財富，那就是讓我有處理許多事情的能力。而讓我半個月坐在他身邊，什麼都不能做，更激發了我做AkiAkis的飢渴。

○：對於孩子的未來，有什麼期望或夢想？

◎：他們是生命，不是我的財產或戰利品。

沒有人是天生了解孩子的，沒有人是兒童專家。

最重要的是你對他們的愛，不管他是否功成名就，是不是nobody，都照樣地愛他。

此外，要和他們公平地交往也是很重要的。我每次去加拿大的時候，會帶他們去各地旅行，到Rocky

Mountain等等。我會分配他們工作，訓練他們如何旅行，看到他們在旅行中怎麼學到很多東西。但是，我也會從他們身上學到一些東西。

Angelo七歲的時候，有一次我們出去，和他媽媽吵了一架，他媽媽帶Peter回房，我帶Angelo去打mini golf。他跟我說，他也覺得媽媽剛才不對，但是，「你娶了她就應該讓她。」

現在我希望他們在台灣讀中學，讀完中學之後去哪裡上高中我不管。我也從朋友那裡聽說了在台灣讀國中種種負面的情形。可是我覺得小孩小時候總有一個陰暗面，擋掉這個還有那個。

Angelo在加拿大的時候，有一次被一個叫Bobby的同學欺負。他回來跟我說，我就告訴他：「我們要一人分擔一半的工作。我會去和他爸爸說這件事，但是下次Bobby欺負你的時候，你也要跟他說不能欺負你。」後來我和對方父親來往很好。我也教會了孩子要他們自己保護自己。

所以，將來他們在這裡進國中，我也會跟他們說，這也是一人一半的工作。我會幫他們擋一些事情，但是他們也要自己料理一些事情。

只有水聲，和安靜

○：你的嗜好是潛水？其中的樂趣與心得？

◎：我是先愛上游泳的。

在我有九個助理的時候，有一天，我的助理跟我說，以後晚上七點到八點這一個小時要休息，不要工作。我問他們為什麼，原來是我們工作室附近新開了一個游泳池，因此他們要去游泳。

我有點勉強地答應了。但這下子晚上七點到八點的時候，只剩下我一個人留在辦公室。又要接電話，又要幫他們處理這個那個的。所以到了下一個星期的時候，我也乾脆去了游泳池。

可是後來反而變成他們都回去工作不游了，只剩下我一個人還在游。我愛上了游泳。這樣一路下去，我還考了潛水、救生、救生教練等執照。

我在白沙灣當過兩年的救生義工。前後只救活過兩三個人。事實上，出現意外再救上來，十個裡面有九個是救不回來的。因為人在水裡只有黃金六分鐘，超過這六分鐘，機會微乎其微。

因此我想救生不如教別人救生，如果每個人都多一些正確的觀念，自我保護的觀念，可以救別人的方法，那比我一個人去當救生教練要有意義多了。

我每年夏天都有救生課。夏天其實是我案子接非常多的季節，可是我爲了教課，每天四點就要趕著去金山，晚上十點才能回到台北。週末還要去溪邊。如此兩個星期下來，可以教出兩百個救生教練。

救生最重要的就是觀念。我有一次去游泳跳下水，就被我的孩子指責，我爲什麼沒有先看看那個位置的水深。另有一次，我看我的孩子上游泳課，說是看到有人在水裡掙扎，要先丟浮具給他。這也是正確的觀念。自己跳下去救人，是最萬不得已的一步。

創作和生活經驗很有關係。今天看AkiAkis，很像是在看日記。三人逆光游泳那一段，就是眞的看到的。那一天是和陳昇還有他的助手去游泳。

而我潛水的時候，只當一個欣賞者。不帶相機，不帶魚叉。盡量享受。沒有聲音。只有水聲，和安靜。

潛水第二個特色是，世界是upside down，你坐在四、五公尺的水下，靜靜地抬頭看上面的波浪，是很特別的經驗。

最後，潛水很重要的是潛伴。潛水的時候，不能光說是下水後大家要互相照應這種話。一定要在岸上相互指認好要照應的夥伴。

我小時候就經常和弟弟吵架、打架，但吵過、打過之後，又會抱在一起。所以後來有一次Angelo和他弟弟吵架，說他是來搶爸爸媽媽的時候，我就會跟他說：「Peter 不是來搶你爸爸媽媽的，而是當爸爸媽媽過世後，這個世界上你唯一的親人。」像潛水一樣，我要讓他們知道，他們將一起完成一件工作。

不只是躲在螢幕後面

○：如何觀察圖像閱讀、網路閱讀及連線遊戲？

◎：這是一個新的媒體與平台。但不應該與實體脫節。

我是五年級生。在文化大學讀書的時候沒有電腦，所以每天要趕去台北車站學 Basic 語言。後來別人又去學什麼程式語言的時候，我問老師我想像中要學的東西該去哪裡學，他說那只有NASA才有了。

之後一九八五到九一年的時候，我做唱片設計。音樂界的人都愛用 Mac，所以覺得很好玩。

但還是會在我的創作裡加入手工的元素。如「新寶島康樂隊」就可看得出來。這是自己養成教育過程中的影響。

而 Angelo將來長大後，肯定不是這個樣子。

每個時代都有自己的路要走，不必管前人或是後人。工具就在你手邊。而且工具會改變作品的面貌。如甲骨文是用刀刻出來的。到毛筆發明出來後，不用刀刻了，但是寫的字還是大篆小篆，隸書等等，還是要摹仿那些刀刻的字形。要到好幾百年後，才懂得用毛筆的特性，來寫行書、草書。

照相機出來後，有一陣子大家都說畫畫的人沒得混了。但是其後有梵谷、畢卡索、馬蒂斯。各人從不同的方向，提供了繪畫可以擺脫照相機只是寫實的特性。

今天的電腦，也還有太多處女地要開發。我剛開始做AkiAkis的時候，Flash才2.0。現在已經7.0。工具越來越扁平。但最重要的反而是最基本的創造力。李長俊在《西洋美術史綱要》說藝術最迷人的，在於它有無限的可能。

今天的時代和過去不同。過去，是有一個美好的未來的時代。所以大家都想保有許多東西。而我要做AkiAkis，則是希望當場就帶給別人感動。而不是掛起來，不讓人弄壞。

○：如何具備網路上多媒體創作的條件？

◎：交通工具很多。你要學什麼技術，必須先知道自己要去哪裡。

台灣的freelancer很多，但是大部分人不知道要畫什麼。

我則有一個信念，我的作品都可以在實體世界印出來表現。我和小孩用麵包做機器人pizza也是這個道理。

總之，我相信作品不應該只是躲在screen後面的東西。

有人問我，AkiAkis爲什麼主角是機器人？那是因爲自己小時候也很想要有一個機器人，就是那種烤漆的鐵殼玩具。鐵殼玩具在我那個年代的小孩來說只是個夢想，能擁有一隻就覺得很興奮。所以我設計AkiAkis機器人時全用這種烤漆外殼的質感，也可以說是自己童年夢想的延伸吧。

因此就這一點來說，我的AkiAkis也可能是從三歲的時候就開始做了。

○：對台灣整體動畫與網路創作的環境有什麼夢想？

◎：台灣是很豐富的土壤。技術和設備也不輸人。譬如和溫哥華比起來，那裡的設備就遜多了。

但是今天太多老師，只教我們去誠品翻書。去翻書，看看別人是怎麼做的，不錯，但那不是我們自己的東西，不是我們扎根的東西。

有一次在美國，和一位朋友從紐約去巴爾的摩，晚上太累了，下交流道找一家旅店休息。第二天起來，問老闆這附近有什麼好玩的。老闆就告訴我們走兩條街之外，有一個火車站非常棒，要去看。我們去了，結果發現只是一個破破的，什麼也看不到的舊火車站。那個老闆生活的圈子就在那裡，他沒出過國，也沒聽過台灣在哪裡。但是他知道這個世界上最有意思的火車站在哪裡，知道這個世界上最好吃的餐廳在哪裡。

而我們，有世界觀，有各種世界知識，但是要問我們台北最好吃的餐廳在哪裡，可能就要咿咿呀呀，講不出來。

最近我去屏東參加一個演唱會，一路下去，發現台灣的水塔之美。而我爲什麼喜歡和陳昇、伍佰合作，就是因爲他們在講這個地方。我做新寶島康樂隊，是陪他們去校園巡迴演唱，一路看到許許多多檳榔攤而產生的靈感，像台灣的流水席的粉紅色桌布也是很美。全看你怎麼發現其中的美，如何去運用。

所有的藝術都必須和那個地方的生命有關，才美。

○：對自己的創作，有什麼夢想？

◎：夢想是一切的動力。

很辛苦工作的時候，想到十月要去普吉島潛水，就把工作做好了。

一般人對夢想最大的誤解是，夢想與現實的距離。

有些夢想純粹是不可能的想望。

一個當美國總統的夢想。

我從不認爲夢想要原原本本地實現。因爲那不公平，爲什麼你的夢想都要實現。以AkiAkis爲例，最後的結果只是夢想的表皮與紀錄，重要的是過程。

所以，實踐的過程反而是最寶貴的。

AkiAkis做出來之後，有很多朋友的小孩也來看我的網站。我還設計讓小朋友可以下載機器人的零件圖，自己剪貼，做好了之後再把照片放回網站上，目前上頭已經有一、兩百個小朋友們自創的機器人了。我一直認爲網路並不是獨立的世界，而應該和實體世界有所結合。所以我希望我的作品可以跟大家有實質接觸，而不是只用mouse和monitor來玩。

做機器人做得興起，我又創作了Faxarts、Lulubo、Apapapa……，這些機器人也像我的小孩，生出來之後就要好好養他們，成爲我生活中另一條重要軸線。我試圖讓我手中的機器人和眞實世界產生互動。例如Faxarts的口號就是「Can't do without you」，它是利用傳眞的原理，即一個訊息被分解成許多小點，傳到遠方之後再組合起來。加入Faxarts的會員，每個人可印出一張色塊，和一個座標碼，到了集合地點後按照座標將色塊貼在牆上，便組合成一張完整的大圖。

我最新的計畫則是「Akibo Wish許願池」。這是一個專門用來收集願望的平台，每個人可以上網輸入自己的願望，也可以搜尋別人的願望。首頁每半分鐘會播出一個願望，最終它還可以在某個公開場合投影播放出來。

我在實踐一個想法：網路不只有虛擬，不一定是越來越高科技。它可以拆解成最基本的元素，再依賴人和人的關係重組拼合起來。

透過網路，夢想可以無限延伸、互相連結，然後慢慢發酵，像釀酒一樣，大家一起品嚐，喝完了，大夥兒就一起醉了。

Akibo網站：www.akibo.com.tw/

本文原載於Net and Books主題書《夢想》，文字整理——蔡佳珊。

許舜英：I am the Ghost.

07

二〇〇六年七月，我剛搬家。有天趁著整理家裡的空檔，把許舜英在雜誌上連載的一個對談專欄，還有過去出版的一本書，看了一個下午。第二天，我寫了封信給她。其中有一段大意是這樣的：

「近十年來，我對一個名詞越來越搞不懂了：Fashion。這可能和我自己的閱讀，越來越走回古代，而非當代有關。我以享受經典爲樂，對於當代的東西，則沒有時間與心力去注意。這樣當我偶爾思索一下Fashion的定義或解釋時，總是找不到可以讓自己滿意的答案。不過，昨天在閱讀你的文字的同時，有個想法突然跳了出來：Fashion，就是享受當代各行各業頂尖的人的創作成果。」

我很謝謝她。也從那時想，一定要找個機會多問她一些事情。於是有了這次訪問。

許舜英：「意識形態廣告公司」共同創辦人、執行創意總監。

圖片提供：許舜英（世界腕錶雜誌社 王裕舒攝影）

○：二○○六年你去坎城廣告獎創意workshop的簡報很受歡迎，是以「鬼」當主題。是怎麼個來龍去脈？

◎：我受邀去坎城演講，講座主題「Alternative edge」是要探索廣告裡面不那麼主流、公式化的表現角度，大概四十五分鐘。其實我一直不大相信能在很短的時間，用一、二個角度來講自己的創作觀念，我也不大相信廣告的創作可以用一、二個哲學來解決，但是在那樣的場合又非得要有一個topic，所以煞費苦心。有一天我突然想到，在廣告裡面我最想追求的、最重要的效果是什麼？我發現，我最想追求的是「有魅力的廣告」，是一種「haunting power」（魅惑的力量）。因爲這個原因，我的題目就定爲「鬼」，就是「Ghost」，借用ghost這個字來講我的創作想法。

Ghost這個字的意義非常豐富，我覺得有效果的廣告就是要有一種haunting power，這是鬼可以代表的一個意義。

另外的意義跟我的處境有關。我在坎城開場的第一段話是：今天我沒辦法用很浪漫的方式講我的創作哲學，沒辦法提供大家有趣的觀點，或者是大家聽了覺得很有異國情調的故事，這完全不能說明我。我代表的是一個非常小的廣告公司，而且是一個獨立的廣告公司。所以要我用一種很浪漫的方式去談廣告，或是要讓這些老外用一種很異國的方式去消費廣告，這是我所辦不到的，這也不是我所體驗到的。如果要忠於我自己的創作人格，to be true to my creative self，意謂著我是不斷地在反叛的。我所謂的反叛並不是叛逆的意思，我一直處在一種不斷在質疑的狀況，也不太容易同意大家普遍接受的觀點。我突然關照到自己的處境，覺得鬼也可以代表這個狀況。

接下來的簡報，我就把鬼分幾個不同的層次來討論。首先，它代表我所追求的廣告效果。另外，鬼的一個意義是跟人的一種對立，當它跟人對立，它就代表某種不被這個世界所承認的東西，當然也就代表了廣告在處理的東西——人的慾望。人的慾望可以說是內心的一種 ghost。在這個過程中我也介紹了我的作品，最後我說：其實我就是鬼，I am the Ghost。觀眾對我的作品應該還滿感到震撼的吧。

○：再解釋一下你的反叛不是叛逆的部份？

◎：這其實滿複雜的，因為反叛很容易被從字面上去解釋，像是：這個人很叛逆等等。廣告這件事瞬息萬變，我現在所講的話，可能在三分鐘以後就不對了。特別是在這幾年，我覺得廣告是一個很不忠實、不斷在背叛的東西，這是我的一個看法，當然是根據我自己的某些體驗以及對這個行業的思索。

創意工作者的長期焦慮

○：你說這幾年特別感受到市場競爭的艱困、廣告客戶的壓力，包括創意思考越趨於保守。到底廣告世界發生什麼變化？

◎：這個變化是大家都在經歷的事情。我想有幾個面向，第一個面向就是政治、經濟的整體環境。比較幾個亞洲市場，台灣當然是在一個最低潮、很劣勢的情況，這對廣告一定會有劇烈的衝擊。另外一些層面更複雜，牽涉到我作爲廣告創意工作者長期以來的某些焦慮，這些焦慮跟我們的社會和企業文化有關。

前幾天我讀到一個新聞，義大利的品牌Prada最近要跟南韓的LG合作推出一款手機。現在的IT產業，或各式各樣的其他產業，都在朝著很時尚化的、很貼近消費者生活方式的脈絡和趨勢在打造他們品牌的布局，所以Prada跟LG合作並不稀奇，手機跟時尚品牌合作的趨勢，對我來講本來就是一種must，只是看怎麼去玩。但這件事再度讓我勾起一種很強烈的感慨，或者說焦慮。回過頭來看我們的企業，台灣人很喜歡講我們的IT產業、我們的自創品牌，每次講就把宏碁、BenQ拿出來當作樣板。可是我跟很多的企業接觸後覺得，他們對於品牌和企業經營的想法，某種程度已經完全被拋在後面。LG可以很輕易地了解世界的潮流，可以用各種最進步的方法去行銷他的品牌，這樣的一種心態是台灣企業普遍缺乏的，他們還在使用十年前的語言、十年前看待品牌的思考方式，他們對於整個世界性的趨勢根本沒有閱讀的能力。他們不會是世界上的 major player，原因就在於沒有那種 mentality，我們的文化裡面沒有這樣的創意資本，他們永遠沒辦法覺醒、沒辦法有敏感度，這才是我覺得重要的議題。

這不是品味高低的問題，也不只是一個客戶保守的問題，因為人人都保守。我看到的是我們的企業在這塊市場版圖上，為什麼只能扮演接單生產的角色。我也看到我們的 lifestyle provider 的貧乏和弱智。譬如說手機的 content，日本通訊業者提供的 content 跟 service，是非常非常精彩的，而且他們是真的可以帶領某一種消費潮流，你在台灣有看到這樣的 player 嗎?現在打開電視台，誰要看呀!這些都是整體環境的一部分，我覺得非常貧乏、非常封閉，而且非常本土。

○：在你寫過的文字裡，曾經特別感慨地說，「像我們這樣的人尤其不被這個社會善待」。

◎：這個社會不懂這個東西，所以完全不會欣賞或鑑賞。我沒有辦法去做各種歷史、政治、經濟、文化各方面結構的分析，這可能只是我的牢騷也不一定，但是我眞的覺得，西方的社會是有利於創意發展的，他們的社會也比較不會有精神官能症，比較可以讓一些好的才華和想法得以實現。相對的，我們這個社會沒辦法提供創意養份和舞台。所謂創意資本，不是實質存在的，是無法觸碰到的，它完全是一種腦袋的、才華的東西。不管是設計也好，各種牽涉到品味的、美學的、創意的產業，都不是我們的社會會有的產業。但是你可以看到人家是全力地在發展這些。

○：那你自己呢？你說一個好的雜誌應該做到跟得上每一分鐘的變化（up to the minute）。你對訊息的掌握是怎麼樣用 minute 來定義？

◎：我沒有在定義什麼，那只是一種表達。這幾年我看到潮流快速地改變，所以特別要強調改變的重要性，或者敏銳感的重要性。對於變化的解讀能力，對企業和專業工作者都很重要。

這件事情可以看得很大，大到整個人類文明，你可以說人類很多觀念、系統、典範正在快速崩解。你也可以看得很小，縮小到一個特定的東西來看，比如說我們辦公室所在的這棟大樓。這棟大樓的創始人的想法是要辦一個培育創意、藝術、設計人才的地方。有一點類似 art school，這跟五年前辦 art school 一定是很不一樣的，才五年唷！可是我們有很多art school已經存在多少年了？這些機構、這些人有沒有意識到這些變化？我不是說每個人都會有很好的解決方案，但光是有沒有意識到變化的速度和腳步，就可以馬上影響你的思維跟策略。我並不是喜歡擁抱速度，而是現在好像所有的東西都是時尚，可能三分鐘就變了，很多東西都需要改變、需要建立新的觀點，對world trend的穿透力是很重要的競爭能力之一。

○：面對這些，你怎麼要求自己，怎麼準備？

◎：接觸這些資訊、時尚現象、行銷案例已經變成我的生活方式，所以我不會特別去想，哪些要特別加強、要如何去準備，因爲它已經是我的一部份，也可以說已經上身了，我已經活成這樣。

○：這種上身，把自己活成這樣，在廣告創意工作是不是一種必須或基本條件？

◎：是滿重要的，但是接觸流行趨勢、資訊這些東西也不會是我的全部。現在很多東西都在改變，界線變得很模糊，所以如果要從專業的角度來看，我會覺得跨領域的思考能力、行爲能力很重要。就好像如果有一個銀行家特別喜歡藝術，就是我所欣賞的。我相信喜歡藝術對他的金融專業一定會造成某種化學反應與作用，而且絕對是有價值的。像創意、文創產業背後就是需要很多這樣子的素養和能力。

一點都不欣賞文筆流暢

○：從廣告工作者的角度談文字？

◎：廣告不能只談文字，廣告跟文字也不會有直接的關係。但是我有一個角度使得我跟別人不太一樣：在做廣告之前，我好像是某種文藝青年，如果硬要給自己一個標籤的話。因此當我開始進入廣告界，我最大的一個反應是：廣告非常地難看、非常地粗糙、非常地愚笨。以一個喜歡文藝的年輕人，當時我是這麼反應的。我一開始做廣告也談不上要去反叛什麼，我希望我的廣告創作裡面有一些quality會自然流露，不管是在文字、概念上，或是影像美學上，會有我的品味自然地呈現。這些某種程度上決定了我是一個怎麼樣的廣告創作者。

我有很長一段時間覺得作品不只是要客戶滿意，並且這裡面盡可能還要有一點自己在創作上覺得過癮的地方。曾經有人形容我：不是廣告給了我什麼，是我帶了很多東西到廣告來。也有人觀察我的作品，覺得我有一些廣告還滿哲學的，把它跟商業連起來是非常難辦到的。其實，廣告很簡單。Anything would do as long as it works，廣告並不是常常都能夠有深度，有artistic quality，而且還能成功，尤其大家常會覺得廣告就是越淺顯越好。但這些說法在我身上都不太成立，而我的作品卻也有它的效果。

◯：這樣講，文字帶給你的haunting power主要在哪裡？

◎：有一段時間，我的閱讀取向有非常嚴重的偏執，任何作品必須首先在文字的魅力上對我發生作用。也就是說，如果它的文字美學沒辦法讓我很有感覺，我是沒興趣的。不一定要是很高深的東西，也許只是流行歌的歌詞。當然也有很多嚴肅的、重要的文學，也可能是一些奇怪的文化研究理論，難以閱讀的解構主義哲學，大家被搞到頭昏腦脹的一些法國modern thinker的書籍，或者是非常另類的書寫藝術的作者。但重點是，我必須從寫作當中，感受到那種power。那種power不一定是思想上的衝擊，而必須首先是一種美學上的衝擊，純粹是文字所帶來的美學的衝擊。所以，甚至也許只是一本翻譯得很爛的小說。

以閱讀那些哲學意味濃厚，文意又晦澀的書來說，從某一方面來講，需要有很強的訓練才能進入文本。但即使我在閱讀那種東西，也常常不是要眞正百分之百去理解（理解根本不是一種美德），我是把它當作一種創作在對待。思想上的啓發跟文字美學上的啓發，對我來說是同等重要的，我甚至覺得，文字創作的魅力帶給我的啓發，就是一種思想上的啓發，就是一種哲理。

我到目前爲止都是這樣一個任性、主觀的閱讀者。大部份的人讀一本書可能都要進入一種脈絡，或是要接受別人的引導，不管那個引導是什麼。每本書都有一大堆廣告詞，一大堆前言，都可以當成是別人要你消費這本書的方式，但是那些不一定是我對一本書產生興趣的理由。我有我自己鑑賞的方式，或者說，我自己被取悅的方式。我常常需要把我偏好的作者的書擺在身旁，甚至覺得，只要他的書擺在抽屜裡，我寫出來的東西就特別好。閱讀對我來講有好多這樣的自我的樂趣。

我的閱讀取向也反應在寫作時所追求的東西。有一段時間我每個禮拜要寫專欄，即使在那種情況下，我也很少寫一些看起來很 casual，好像在跟讀者聊天的東西。基本上，這樣子的東西 not my cup of tea。我在寫作的時候，更希望人家不是覺得我在跟他溝通什麼。即使是有一種溝通，那種溝通也比較不是一種道理、思想的溝通，而是一種創作者跟創作者之間的很奇怪的對話，就好像我面對一個設計師的作品，可能是看到一件造型或質感很奇特的衣服，但也可能只是看到很奇怪的影像。我希望的溝通是屬於這種溝通。

○：你剛提到，一本翻譯得很爛的小說，也許也可以帶給你那種文字美學的衝擊？

◎：這是無所不在的。如果你給我一本翻譯小說，我就可以告訴你，這句話譯得這麼爛，卻給我很大的樂趣。我一點都不欣賞文筆流暢，如果別人說我文筆流暢，我一定會覺得自己太失敗了。其實文字給我的美學上的樂趣，比較接近觀念藝術。

○：你閱讀偏執了一陣子之後呢？

◎：最近我的口味稍微放寬了一點，沒有像過去那麼刁。過去我很少讀古典的東西，一定要是非常當代的東西才會對我的胃口，但是最近我突然會去看一些老的東西，像三、四〇年代海派的東西。偶爾讀到一點覺得好像還滿有感覺的。要是以前，我連拿起來都不可能。

○：看什麼樣的雜誌？

◎：我會固定看一些東西，像*New Yorker*。日文的我沒辦法看，就叫秘書翻譯一下。比如說最近一個日本雜誌對蘇菲亞．柯波拉（Sophia Coppola）的電影*Marie Antoinette*做了一篇文章，主要是講電影裡面的服裝設計、當時蘇菲亞．柯波拉對影片服裝的想法，像這一類的。另外我也看一些英文的文學雜誌，會接觸到一些新的、比較年輕的writer。我看fashion雜誌，感興趣的不完全是現在流行什麼，現在所有的fashion magazine都越來越像產品型錄，可是有時候還是有一些還不錯的文章。那些比較設計、比較 lifestyle 的雜誌，我會滿注意裡面的文章。

○：你曾經給讀者開過一個推薦雜誌的書單，裡面列了《中外文學》。有什麼特別的理由嗎？

◎：我的閱讀品味很像外文系的人，《中外文學》是我在學生時代就會看的，對我來說是文學素養的一部份，這麼多年也就延續了這個習慣。我自己有一點滿奇怪的興趣，就是對學院、學術的狀態還滿感興趣的，也會 follow 一些學術的 seminar。所以我一直都保持著看些論文的興趣，特別是文學、社會科學。

○：所以像英國的那本 *Granta*，是固定看嗎？

◎：我還滿喜歡它的 feature，同時也可以看到他們文學的取向、文學在社會裡面的角色、他們現在的品味、怎麼在培養新的作家……這些東西都是我會關注的，構成我生活裡面很重要的一部份，也因爲這樣，我想它們對我的專業有一定程度的影響。我不太像有一些廣告人，好像完全是一種視覺的動物，非常 art-driven，或是 visual-oriented，我好像不完全是這樣，我還是有一個文學背景的人有的那種從小養成的習慣吧！

〇：你還曾經講到台灣缺少了一本sexy的汽車雜誌。

◎：對呀。就好像我們沒有sexy的綜藝節目，沒有sexy的讀書節目，也沒有夠sexy的手機的content，沒有一個夠sexy的網站。什麼都沒有呀！你從結構上看就知道，必然是這樣。

Sexy只是一種表達，就是覺得不夠酷、不夠好、不夠有魅力。特別講到汽車雜誌是因爲，汽車本來就是一種luxury產品，特別對男人來說可能是一種終極慾望的對象。可是我們的汽車雜誌怎麼會被編成那個樣子？簡直是一種罪惡！所以我才覺得太奇怪、太苦悶了。

〇：看書的時候，有沒有特別整塊的時間？

◎：當然有的時候我也有整塊的時間，比如說休假。但是現在的時間基本上都滿斷斷續續的。除非我特別迷某一個東西的時候，那當然一整天都會看那個東西。

我這一、二年非常迷戀大江健三郎，我突然看懂他了。早期台灣有翻譯一些他很老的作品，那時候還沒看出感覺，我第一次看出感覺的，就是《換取的孩子》。從《換取的孩子》再回去看多年以前出版的《聽雨樹的女人》，簡直是太棒了！所以我又陸續地買，《憂容童子》，還有很多他爲了小孩而寫的作品。所以，如果我特別迷一個人的東西的時候，就會這樣。當然也是有階段性。有一段時間我受到學術潮流的影響，都讀比較哲學、文化研究的東西，或者所謂的當代思潮，文學就有一點點退到後面去，但這二、三年又開始看比較多的文學小說。以台灣整個社會來講，台灣出版社也還滿用功的，可以持續看到有些東西被介紹出來。

有時候需要自力救濟

○：你說你看DVD看壞了一部機器，應該是很大量地看。影像對你的haunting power又是在什麼地方？

◎：以前我就看了滿多電影，但是最近因爲DVD取得的方便，就更完全沒有限制。一方面我去大陸買，另一方面我在網路上也買很多。特別是碰上某個喜歡的導演，就會想要找出他所有的東西來看，看出一種上癮的感覺。電影跟文學一樣，如果自己當時的心境非常能夠跟那個作者對話，就會很喜歡看他的東西，這是其中的一個魅力。當然我也會去欣賞電影裡美術的部份、影像的craft。

我覺得影像對每個人都有這種力量。前兩天晚上購物慾很強，我又去網路上買了一大堆東西，看到一本影像研究的書標題非常有趣：What Do They Want From Us。講到電影、圖像，what do they want from us? 影像到底要我們幹嘛？這個觀點很有意思，因爲影像就是很強迫的東西，你就是一直會被它影響，就是會一直看著它，它可能會激起你各式各樣的情緒，可能是回憶、可能是……當然也不只是這麼簡單啦。

◯：你講到半夜三更購物慾就很強，那消費對你的haunting power？

◎：其實我不知道算不算特別購物狂（shopaholic），因爲我跟時尚的關係也滿錯綜複雜的。

一方面我對這個產業有很高的興趣，有點像現在有個詞Fashionista，像那些時尚編輯，或者對流行非常在意的人。

另一個層面，則是我的工作跟傳播、行銷有關。所以這讓我需要更敏銳、更準確地去解讀時尚產業。我對時尚的興趣已經不是購物，而是把它當成一種business在觀察。我甚至覺得所有人都該注意這個產業的手法，因爲他們的影響太大了，現在不管什麼產業都試圖跟fashion結合。很多重要的媒體，*Business Week*、*Time*，甚至是*Economist*，都有一大堆篇幅在講fashion industry，這是以前沒有的現象。另外，我很多business的想法或sense，都跟長期接觸流行產業有很大的關係，所以對我來講，時尚不只是消費，這兩個東西好像互相是對方的副作用！但是，如果我不是在廣告這個領域，我看他們的方式就不會這麼準確。

○：記得你說你的頭髮是找一個很便宜的地方剪的，是你去指導別人剪出來的這個髮型？

◎：對呀。我覺得不用去找那些很大牌的人來弄頭髮，不是每個人都需要像一個正在宣傳期的歌手。

○：還有什麼運用你自己的方法來完成消費行爲的例子？

◎：像我這樣的消費者，可能有一點挑剔吧！台北的消費環境也不太能夠達到我的標準，所以有時候需要自力救濟。比如說我會設計一個自己喜歡的東西，像我戴的這個耳環就是。我設計了樣子，然後去找一些做珠寶的人幫我做。又比如說，我現在覺得最大的奢侈不是去吃那些魚翅套餐，最大的奢侈是去很會燒菜的朋友家裡吃飯。這都算是一種自力救濟。

○：怎麼看待家庭？家庭在你的生活裡是怎樣的？

◎：現代人也許不盡然無家可歸，但眞的非常支離破碎。即使看到的是家的形式，實際上卻是支離破碎的。現代社會的走向，包括資本主義、全球化的發展，都很不利於再去相信這樣的價値。想要擁抱那樣的價値是很困難的。所謂家庭或婚姻這種東西，禁不起現代社會體制以及意識型態的衝擊，所以人會非常錯亂，他們顯現出來就是錯亂，甚至於連相信這些東西的人，其實都不知道自己在相信什麼，或是不知道為什麼他們相信的東西沒辦法實現。

○：在這種支離破碎的家庭當中所產生的lifestyle有什麼特色？

◎：也許表現出來的就是：大家不斷地購物。不斷購物本身就是重要的symptom。我沒有說它好或不好，但不就是這樣嗎，家庭生活也就是不斷地購物而已。對很多人來說，家庭是一種shelter，一個可以安頓身心的所在，但是常常到後來，即使不覺得身心得到安頓，大家還是很希望擁有這個東西。有的時候家庭生活其實是一種惰性，因為你覺得有一個shelter。以前的社會也許還可以，沒有那麼大的變動衝擊，人們相信的東西比較接近、比較單一，也許這種價值可以被維繫。但是我覺得現在很困難，哪有什麼東西是shelter？

○：你說自己沒生過病，但也面臨過人生中黑暗的時刻。對你來說經歷過最大的壓力是怎麼樣的情況？

◎：我覺得那不能說是壓力。當然，壓力每個人都有。但是對我而言，常常讓我感受到一個很尖銳的東西，應該叫做「差異」（difference）。如果我的生命有一個基調，或是主題，那個主題會是「差異」。我常感覺到我跟別人的差異，而且是非常尖銳的差異。感覺到這種尖銳的差異，好像讓我看到自己存在的狀態。我有次看到一篇文學作品，裡面有一小段話說：如果這個世界所有的人都一樣該有多好。那種很尖銳的差異，就像E. Said講的 out of place 的感覺。

○：最後談談你的冰箱吧。你的冰箱裡有些什麼東西？

◎：我的冰箱像是我精神狀態的反應，所以大概有幾類東西，一類東西反映了我喜歡美食。可是因爲我沒有時間下廚做菜，所以會到處去買。另外一種就是，我生活不太健康，所以我的冰箱會反應我的罪惡感，裡面會有一些我覺得健康的東西，比如說維他命或是中藥的食材。

所以我所謂沒有時間的美食就是，比如說去買一些做得很好的餛飩啦，或者我常去鼎泰豐旁邊的一家正記板鴨，我也會有一些鼎泰豐的東西或是媽媽做給我的菜。我可能也會把這些現成的東西稍微加工一下，再做成另一道菜，就可以有還不錯的美食。

○：我記得《大量流出》裡，你特別列了牛胃的絨毛？

◎：有時候我寫的東西，純粹是一種文字的表達、一種文字的意象而已。不要被我騙啦。

文字整理——李珮華

黃仁宇：從印象成爲影像的兩段記憶

08

有的人，會讓你在見面三分鐘之內，就知道他是個什麼樣的人。有的人要三次。有的人要十年。有的人要更久。有的人，會在他死後很快就爲人所遺忘，有的人不然，有的人反而會隨他逝去越久，越讓你懷念起他。

黃仁宇去世已經七年，我則是越到近來，越在感嘆如果他還在，我可以跟他請教一些問題有多好。也因爲如此，那次在春光明媚中去他家登門拜訪的記憶，以及另一次他告訴我，「我們會因爲曾經合作出版過這本書而感到proud」的記憶，就從心底深刻的印象，成爲越來越生動的影像了。

黃仁宇：歷史學家。

圖片來源：中國時報（馬騰嶽攝影）

一九九三年五月底。紐約悶熱難當。

更糟糕的是，我旅行極少爲時差所苦，那天下午卻身陷困境。

黃仁宇先生因爲我來紐約參加美國書展，所以約了在飯店的房間見面一敘。同行的同事廖立文受不了睏意的煎熬，已經找了個藉口溜出去，在大堂的沙發上睡覺了。我，則只好借助於一支原子筆，不停地偷偷猛戳自己的大腿，用疼痛來換取一陣陣的清醒。

那天我們談了些什麼，今天已經絲毫記不得了。忘不了的，是事後大腿上一個個皮破血流的傷口。

我是因爲在時報出版公司任內出版《赫遜河畔談中國歷史》，而和黃先生結識。在紐約那次會面，是早期和黃先生接觸的幾次記憶之一。會有那麼「慘痛」的情況，也是當時和他還不熟，加上他也是專程從紐約市外來訪，所以不便在一個長者面前失禮。

後來，每年我都會在五六月之間去紐約一趟。他也每年都會和我約好，來找我喝個茶，或共進一餐。我幾次說是要去他家拜訪，他都堅決不肯，說我不方便，還是他來。

□

一九九九年四月，由於這年書展提前了一個月，我又早幾天抵達紐約，所以爲了免得和他爭執，沒有事先通知，我就在一個星期天的早上逕自闖去他住的New Paltz了。

本來想照他說的，搭「很方便的火車」去就是了。但發現火車時刻並不是那麼方便，下車後還要再轉車，所以最後乾脆包了輛汽車。也因爲如此，想到以他的高齡每次來看我要如此輾轉折騰，心中只能暗呼慚愧。

近一小時的車程，幸好景色怡人，除了一路惦記這些年來的失禮之外，倒也逐漸滲進一些近乎偷閒的心情，開始從另一個角度來想像Ray和他太太Gayle一旦看到我的驚喜。

本來，我見面總是稱他「黃先生」。但是他非常堅持，只能稱他的英文名字Ray。經過他幾次態度激烈的要求，以及交往日久，我們最後妥協的結果，大致是見面彼此以英文名字相稱，書信則中英文有別。如果他以中文給我寫信的時候，不免以「明義總經理鈞鑒」開始，我的中文信也當然只能以「仁宇先生賜鑒」爲起首。

Ray的太太Gayle，是一個美麗的女人。是那種即使青春年華不再，但是容貌、氣質還都讓你感受到美麗的女人。我聽Ray多次說過幾次他感謝上蒼安排Gayle給他爲伴侶。我可以體會他的心情。

近年來Gayle的身體不好，從書信中總可以看到Ray 的心情因爲她診療的成效而起伏。所以這次我也是特別想去看看Gayle 。

我們找到Ray的家門口，時近中午。

春日暖暖的太陽曬著，他家車庫門開著。住家在車庫上方的一個坡上，在樹叢中不是很顯眼，要拾階而上，很陡的石階。

廖立文上去敲門，門關著。沒人應答。

想他們是出去一下，很快就會回來，我們就在陽光下找個舒服的地點各自休息等待。

時間過去，他們兩位一直沒有出現。

司機建議開車去周遭轉轉，可能還可以把他們接回來。

我們先去了一家drugstore，店老闆說剛看到Ray走過去，往上去了。

我們沿著方向去找，有教堂，有一些給老人當活動中心的平房，可門都是關著的，看不到人。

我不忘找找赫遜河，但顯然，赫遜河並沒有流過這個社區。

四周安安靜靜的，我們就是找不到Ray和Gayle的蹤影。

我們又回到他們家。車庫門還是開著的，車子也還在。立文決定再上去看看。他很快就叫我上去了。

那些石階很不好走，甚至可以說很不好爬。太陡。我一面費力地上去，一面想如果冬天降雪，這兩位老人家如何出入。

Ray在，Gayle也在。原來他們兩位一直都在家，甚至先前立文第一次敲門的時候也聽到了，只是因爲想不出有什麼人會來訪，根本不想應門，結果造成了這一陣曲折。

他們家很整潔。客廳裡有書，但沒有淹沒人的壓迫感。洗手間的燈光略暗一點，牆上貼著Bee Gees的照片，有一種年輕人使用的氣氛。

然後Ray就請我們出去吃午餐。出門的時候，他不忘得意地告訴我那些石階是他多年前自己親手盤出來的。

□

那是個回憶美好的下午。

我從沒在四月來過紐約，沒料到這裡的春光明媚如此。

我們穿過因伍士托克音樂節而有名的Woodstock，去了一個外有田野小溪環繞著，四周都是落地玻璃的木屋用餐。

我們談了一些有關歷史的看法。

Gayle告訴我那些Bee Gees的照片是她貼的。她是他們的Fan。

然後，Ray帶我們去了赫遜河畔。

透過一片金紅相間的林葉望過去，是寬闊的河面。河上，有一艘載木的運輸船，在沉靜中前進著。

道別的時候我說明年再來。

之後，五月的時候，Gayle寄了張她最喜歡的Bee Gees唱片給我。

之後，七月的時候他們收到我結婚的請帖，送了我一盆很漂亮的花。

之後，十二月我要離開商務印書館的工作，寫了封信給Ray。幾年前我離開時報出版公司的時候，他給我的信上只簡單地說了一句：此爲不當有之事。這次他則回了我這樣一段話：「You can no longer surprise us, because now we anticipate that anytime we hear from you, there must be a surprise of some kind. Right?（你已經不再能帶給我們什麼驚奇了。因爲我們已經有心理準備，反正每次你來信總會帶來點什麼意外。對吧？）」

□

可是，最後的意外，是他帶來的。

二〇〇〇年一月才剛檢查過血壓，過去也從沒發現過心臟問題的Ray，卻在一個晚上高高興興地和Gayle看電影的時候，因爲心臟而感到不適，在一兩分鐘的時間內就過世了。

因爲沒有宗教信仰，因此Gayle和家人就遵照他的遺囑，簡單地料理了後事。

其實，我有許多事情想和他在當年見面的時候談一談。以一個網路時代的出版人而言，知識密集與資本密集的結合，怎樣才算平衡與理想，我很想請教一下這位對資本主義與中國歷史有獨到研究的先生。

得知他去世的那天晚上，我從書架上找出了他寫的《新時代的歷史觀》，仔細重讀了一遍。

□

一九九六年六月在紐約見他的時候，我正在爲準備創業而忙碌。他除了給了我一些鼓勵和建議之外，也口頭提了一下：等我的新公司開始之後，他有一本書想交給我出版。

十一月，大塊文化開始經營。

後來，我收到他寄來的一份書稿，以及他的一些出版想法。

再接下來，我到臺灣商務印書館工作，於是和他聯絡，告訴他我希望這本書轉由商務出版。我認爲以這本書的特點，由商務來出版，可以發揮比大塊更好的影響力。他要我自行決定。後來，我就開始自己親自參與這本書的編輯工作。

他給我的書稿，原題名《西學爲體，中學爲用》，那是他在國立歷史博物館創館四十週年研討會上的一場演講稿。

講稿不長，約二三萬字。不論就觀點之獨特，還是用字之精鍊，就一篇講稿而言，無懈可擊。但是就一本書而言，我卻覺得有些要調整的地方。

最主要的原因，就是觀點獨特，而陳述精鍊，對一般讀者的濃度過高，不易於普及。

在我的想法，如果把一些段落再加引伸補充，整體文字再增加一些，那麼整本書就豐潤許多，對一般讀者的親和力也就會自然而然地散發出來。

我在電話裡和他提過一次。他沒說什麼，但由於正好在一九九七年年中要來台灣一趟，於是告訴我見面再談。

見面後，我沒有說服他，卻被他說服了（原因見後）。除了一些插圖及細部文字調整之外，這本書就以他原來的講稿爲架構，沒再多做更動。我參與編輯所出的力，主要是把這本書的書名定爲《新時代的歷史觀》，原來的「西學爲體，中學爲用」則改爲書的副標題。

□

那天晚上，是我在出書近兩年之後，第一次讀《新時代的歷史觀》。但我讀得很仔細，比我當年在做編輯工作的時候還仔細。

三個小時的閱讀，給了我欣喜與慚愧的兩種感受。

欣喜的是：他雖然不在了，但是很多這陣子思考的問題，我找到了一個與他對話的機會。

慚愧的是：不論就一個作者和朋友而言，其實他要說的話是早就已經講出來了。但他一寫再寫，一講再講，而我，不論以讀者還是朋友而言，總是一聽再聽，聽之藐藐。

我只能自我安慰說：寫作與閱讀的本質，也許本來就是這樣的。

Ray以「大歷史」的觀點與寫作而見名於世。然而多年來，針對他「大歷史」的著手，也有一些不同的意見和看法。

我從沒有問過他怎麼看待這些意見。只是偶爾談話的時候涉及，可以感覺到他避之唯恐不及。

那天晚上重讀《新時代的歷史觀》，卻發現他早就寫下了自己的回答：

「從長時間遠視界的條件下縱覼歷史，無從全部客觀，必配有主觀成份。亦即信仰的因素不能摒除。否則又何必借重大思想家？」（頁二一〇）

《新時代的歷史觀》的中心，就是「西學爲體，中學爲用」。

一八九八年張之洞作《勸學篇》，提到「圖救時者言新學，慮害道者守舊學。舊者不知通，新者不知本。」由此，「中學爲體，西學爲用」的主張，對近百年的中國歷史影響深遠。

黃仁宇則提出以下的說法：「一百年後我們的衣食住行，對人態度、社會習慣，以及日用辭彙，都與晚清末年有了至大的差別，看來接受西方的經驗多，全部因襲於傳統的有限……在我看來，體是組織結構……就此看來，今日也仍是受西方的影響大……也都與西方習慣銜合。惟獨『用』乃是精神與效能的發揮，反可以保持中國人的習慣與長處……」

因此，黃仁宇主張「只能體會古今之不同，而無從重視中外之別」，說出了「西學爲體，中學爲用」。

大多數人免不了因而產生一個疑問：「然則中國傳統之長處、宗教思想、倫理觀念、作人處世的宗旨應當放在甚麼地方？」針對這一點，他的建議是：「在答覆這個問題前，先將中國歷史參照西方政治思想、經濟原理，作整面目的全幅修訂，看清中國受過西方衝擊，百年奮鬥後實現現代化之由來。此中結論，必會表現一個新國家之形貌。有了新體制之輪廓，才能決定發揚傳統精神之出路。」

□

我之所以要用這麼長的文字，幫作者把「西學爲體，中學爲用」重新歸納一次，原因在於我要描述一下我被他說服這本書不多作增潤的那天早上。

一九九七年中，Ray來台灣參加一場會議。一天早上我去福華飯店見他，一方面拿《西學爲體，中學爲用》（當時的書名）合約給他簽，一方面要和他當面討論內容的增潤。

我出版過黃仁宇多本書，知道他的讀者群及以前著作銷售的數量。因此我完全沒問他的意見，就帶了一筆預付版稅和合約一起拿給他。

他看到我帶去的預付版稅，搖搖頭，說絕不能收。在福華飯店一樓中廳的一個角落，他是這麼說的，大意：「《西學爲體，中學爲用》是我畢生研究的結晶。我不會爲了一時一地的銷售而做些我不想加入的文字。我相信你的說法，這本書對現在的一般讀者可能難以接受。但是，這本書在三五十年後，一定有其地位和影響。」

他最後說了一句：「我們會因爲曾經合作出版過這本書而感到proud。」

我們對望在飯店中庭透下的晨光中。那是我在出版工作上永難忘懷的幾個時刻之一。

這就是我被他說服沒有增潤內容的經過。

那份合約的預付款，在雙方的妥協下，最後改爲意思性地象徵一下。他說最多只能收這些了。

□

這篇文章的初稿，在報紙上發表於黃仁宇去世後的一個星期。我很榮幸以一個出版者的身分，記下和他之間的這段經過。

當時也順便提到：對於黃仁宇的「西學爲體，中學爲用」，我在編輯上做的工作，主要只是把書名改爲《新時代的歷史觀》。因而覺得如果事情可以重來，我會把書名保留爲《西學爲體，中學爲用》。

七年後，再讀一遍這篇文章，並略加調整之後，我想說的是：不論是就一個朋友，還是一個想有請教於他的讀者身分，我都多麼遺憾過去只滿足於一年和他匆匆一面的會晤。然而，遺憾中拿起他的書讀下去，我又多安慰於他講話的神情和語調，又那麼自然地浮現於我的眼前。

一個逝去的人而能繼續活在別人的心中，就是這個意思吧。

初稿發表於二〇〇〇年二月《聯合報副刊》

第二稿改於二〇〇七年一月

衛浩世：We must fight FOR them.

09

在出版業工作，有一點是其他行業所沒法比的。

電腦業、家電業、交通工具業、食品業、印刷業……這些行業幾乎全是全球競爭。國境之內的同業固然在競爭，天南地北的同業仍然在競爭。

但出版業不同。在國際書展上，這個國家的出版業者可以很樂意地告訴另一國同業，他們自己國內的暢銷產品有哪些不該錯過，甚至很樂意轉述他們聽到的第三國情況，提醒你什麼機會不要錯過。

法蘭克福書展能成爲全球出版業者的參加，一方面因爲有出版業這種天然的特質在支持，但另一方面還是要歸功於曾經經營它二十五年的主事者的心胸。是這種始終支持國際公平交流的心胸，讓出版業的這個特質在法蘭克福書展得到最大的發揮。

我很高興在這個過程中認識了衛浩世，並且成了朋友。

衛浩世：世界書展主席聯席會議主席。

圖片提供：財團法人台北書展基金會

二〇〇〇年三月，我匆匆去了一趟法蘭克福，爲一個半年前的約定，見一位朋友。三月的法蘭克福，比每年舉行書展的十月還冷了許多，說來正是春寒料峭。也因此，短短兩天時間，我們在飯店玻璃窗下，曬著太陽談話的一些畫面，回想起來很溫暖。

那位朋友當時剛從一個工作二十五年的崗位上退休。不像過去多年來每次見到他都是西裝筆挺，身材高大的他穿了一件皮夾克。由於在我抵達的前兩天，又摔傷了右臂，所以動作也遲緩一些。

不過，他讓我分享了一個消息。就在幾個月前，世紀之交的時候，法國一家媒體選出近二十年來影響歐洲的人物，德國有三人入選。一是前總理柯爾，一是一九九九年諾貝爾文學獎得主葛拉斯（Günter Grass），另一位就是他。

衛浩世（Peter Weidhaas），這個前一年法蘭克福書展以盛大的退休晚宴歡送他，接著以「書展先生退休」或「書展教父走下舞台」相關新聞出現在德國與歐洲媒體的人，的確當之無愧。在他二十五年的法蘭克福書展主席任內，不但一手把這個書展打造成出版界的麥加，也牽動全世界的文化產業神經。

□

衛浩世出生於一九三八年。青少年階段，正是二戰結束之後，德國在重建經濟的時期。他們父輩忙於工作，無暇照顧下一代的教育，只會以傳統的權威方式來要求子女。衛浩世在這種環境裡長大，「厭惡社會上發生的一切，但又缺少勇氣」。他先是在學校裡成了一個桀驁不馴的學生，終至遭到開除，後來爲了尋找支撐和方向，開始大量閱讀。讀書固然幫他找到生命的意義，但也讓他陷入另一個憂鬱，自疑，甚至自恨的境地。因爲隨著戰時猶太人遭受屠殺的過程逐漸遭到揭露，他也開始感受到自己文化裡的原罪，對自己的國家甚至周邊的人怎麼可能參與過這樣的事件而感到不解與憤怒。最後，他激烈地反抗自己的家庭、國家，甚至語言，離開德國，在歐洲展開一段長期的自我放逐。

他的流浪生涯固然有許多困頓，但也有浪漫迷人的一面。多年後他這麼回憶：

當你度過忙碌的一天，把你勞累的頭放倒在枕席上時，你還不知道明天會發生什麼……或許是在法國北部的一座修道院的一個房間裡，在一張特大的法蘭西床鋪上和十二名黑皮膚的伐木壯漢同床共枕，或是……在義大利福吉亞一座度假別墅裡，和三名從沙灘上看中你的義大利女孩共度良宵。或許你不得不逃離一座茅舍，因爲一隊激動的病態土耳其士兵前來巡視，或者你也會在賽納河畔一家廉價客棧花上幾個銅板度上一夜。

期間，他做過書店學徒，建築工人，也曾因爲瘋狂地愛上一個丹麥的少女，一路追隨她到了丹麥；爲了定居在丹麥，他則進了這個少女家族的行業，到印刷廠去當學徒。最後，他和這個少女並沒能結婚。但是他卻由印刷廠的學徒而進入出版業。

之後，他結束了這段瘋狂的求索之旅，決定重回德國。在一九六八年，全世界學運達到高潮的那一年，他卻反其道而行，回到主流，加入法蘭克福書展，由展覽部的一個助理，而派駐南美而再回到德國，於一九七四年開始擔任法蘭克福書展主席。他由一個流浪漢而成爲逐漸打造出全世界最大書展的人，儕身全世界出版業界最有權力的人物之一。他也由一個全面抗拒自己文化與祖國的人，成爲一個自己文化與祖國的代言人。

這些過程，他在自己的回憶錄之中寫得很生動。他回憶錄原書名的意思是「把自己的憤怒書寫在書架的灰塵之上」，我出版他的中文版時，書名則定爲《憤怒書塵》。

□

我第一次見到衛浩世，是在一九八九年，時報出版公司任內。當時台灣力圖洗刷海盜王國之名，不但修法積極保護國外作者的著作權，也加上經濟起飛等因素而希望全面與國際出版社會接軌。因而就在版權代理公司這些新興行業出現在台灣的同時，新聞局也來找我，希望由時報出版公司出面，第一次正式組一個台灣團，到法蘭克福書展設一個台灣館。

頭一次參加法蘭克福書展的人，都要受到一些震撼。在那個紙張出版品鼎盛的年代，更是如此。這樣，在漫天而來的各種訊息與印象中，我以「台北出版人」展館策劃者身分去拜會了衛浩世。

這樣，我們從他每年書展期間「每十五分接見一位來自世界各國的人士」之中的一個約會開始，逐漸熟了起來。再後來，成了朋友。我們見面的場合，總是在世界各地的書展裡，見面的時候，泰半都因爲書展的過程而疲憊不堪。不過，找個空檔見一個面，聚一聚，反而成了大家抒解壓力的時刻。我們交換各自在工作上的一些狀況和心得，經常會從東西方文化的對比裡，驚訝地發現那麼多相異，以及相同之處。印象很深刻的一次在一九九五年。那時我正因爲自己公司裡一些複雜的人事問題而苦惱不堪，和他見面去餐廳的路上，沒想到他就突然講起他自己雖然在書展上風光不可一世，但是回到公司要面對董事會各種慘烈批鬥的經過。那晚我們伴著話題，喝了不少酒。事實上，不光是怎麼辦書展，從怎麼整理藏書，甚至到怎麼解決難纏的愛情問題，衛浩世都教了我很多東西。

□

衛浩世常說：「書展主席的壓力是別人沒法想像的。」

書展的壓力，來自時間和空間兩方面。就時間來說，每個書展少則四五天，多則一個星期。一年的準備，只為了這最多不過七天的時間。如此濃縮的時間，本身就產生極大的壓力。空間，指的是位置。書展的要點，就在位置。每個參展者都希望在有限的空間裡爭取到最好的位置，因此，緊縮的空間本身又形成極大的壓力。

書展除了本身的時間與空間壓力之外，還有政治的壓力——尤其在一個書展成功之後。一個成功的書展，除了經濟的效益之外，還會有鉅大的文化形象與影響。這種影響，會吸引各方人馬前來染指。「甚至有些書展之所以成立，就是因為有人想拿來塑造自己的明星地位。」衛浩世說，「所以，每個書展主席，不論大小書展，都會面臨極大的壓力。」

就衛浩世自己任內而言，他最沉重的壓力有兩個方面。一個壓力來自外部，出自於美國和英國這些強勢文化。以美國爲主的英語系出版者，挾舉足輕重的影響力，總是要求法蘭克福書展對他們有特別待遇，而衛浩世則基於法蘭克福書展是個全球書展的本質，力主平等對待各種語言與文化。於是衝突不斷。近年來，出現了許多新的書展，以法蘭克福書展爲挑戰目標，更擴大了這種抗衡與爭鬥的縱深。另一個壓力，則來自內部。由於他個人的成就太過奪目，法蘭克福書展的影響力也太大，因此不免爲許多人所覬覦。

這樣回頭看看，會發現衛浩世主持這個書展的成功有幾個方面：一，可以在這麼鉅大的壓力之下挺過二十五年（這段期間他們書展有兩位同事承受不住壓力而自殺）；二，成功地與各種強勢文化周旋，吸引他們持續共襄盛舉，把法蘭克福辦成一個書展中的書展；三，盡可能地從平等的立場，一視同仁地對待各種語言與文化；四，以高效率的經營團隊運作以上這一切。法蘭克福書展每年有來自一百多個國家，接近七千名參展者，二十五萬名參觀民眾，展覽場地橫跨八個館，然而整個書展的正式內部編制人員不過五十人左右。

當然他也不是沒有付出代價。在他還沒有退休之前和他見面的時候，他的左手手指會經常輕微地顫抖。等他退休之後看到他的時候，注意到他的手指不再有顫抖的情況，我跟他說，他高興地回答一聲：「是啊。」

我問他：到底是什麼因素支持他能在這麼鉅大的壓力下生存過這麼長的時間。

衛浩世回答：「我曾經逃離過我的社會，我是下了決心才重回這個社會。所以我不能讓這個社會的壓力再把我擊倒——我不想再次退出這個社會。」

除了這個根本原因之外，我覺得書展這個工作可以和他個性相投，應該也是原因之一。每次在世界各地的書展上，看到他夜裡坐在哪個飯店酒吧的一角，喝著他最愛的伏特加，那種流浪的氣味都會讓我想到這才是他的寫眞：他有著在出版世界睥睨群雄的氣概，也有著浪跡天涯終不悔的浪漫。

□

他退休後的第一年，我頭一次和他在法蘭克福書展上不只有一個短短的約會，而是吃午餐。我問他感覺如何。他說，二十五年來，那是他第一次看到自己所經營起來的書展。過去這二十五年，他大多時間是被囚在會議室裡，每十五分接見一位來自世界各國的人士，走進會場的時候，也都是匆匆地在別人伴送、開道之下趕一個定點，從沒有機會仔細看這個書展一眼。現在，他則可以走進人群，體會那種熙攘與熱鬧，也可以像任何一個參展者一般，佇足在想逗留的展位之前。「有人認出我，堅持要送我一本書，」他指指桌上那幾本書。

我看著他，想著他用自己被「囚」在會議室裡二十五年的說法。任何事情，做到極致的時候，都有些極致的感受。那天，我和這個走進人群的囚徒一起在會場走了一段路，一方面是帶著分享著某種祕密的心情，一方面也是想再近距離看看他如何環視這個書展的神情。

法蘭克福書展，的確在衛浩世手中發展成一個太過特殊的書展。法蘭克福書展的質變，在於其量變，正由於其規模太大，所以無法用其他任何書展來比擬。也由於規模太大，所以不只一手建立這個書展的教父，任何人去參加這個書展，都可能不自覺地成爲「囚徒」──囚禁於自己時間限制之下只能經常來往的展位之間，人士之間。

我參加法蘭克福書展，也有十七年的經驗了。對如何使用這個書展的心得，也經歷了三個階段。最開始那一兩年，比較摸不著頭緒，約會也不多，還有時間與心情東看看西逛逛，所以經常以一些意外的驚喜爲收穫。後來，對這個書展熟了，認識的人也多了，所以有很長一段時間，從動身出發之前就排滿了約會，每天都以搶購到多少版權爲收穫。再之後，大約從發現那個「囚徒」的那一年開始，我也不想每天都只是忙碌於追逐那些（以英美出版品爲主的）版權了。我不時會故意空出一段時間，無目的地逛逛。有意外的驚喜出現很好，沒有，我覺得還是很好。

這三個階段不同的使用法蘭克福書展的方法，沒有對錯。只是看個人的心情與需要的取捨。所以，衛浩世說每個人來到法蘭克福書展，都可以打開一個自己的書展，是眞的。

□

二〇〇四年，我要參與台北書展基金會的事情時，衛浩世起初是攔阻我最力的幾個人之一。他寫信給我說：「書展會吃掉你的。你是個出版人，犯不著。」

我不記得有沒有跟他解釋過，在我最後決定還是做這件事情的許多原因中，他也是其中之一。

我想多一些機會，就近吸收這個書展的魔法師的經驗和心得。

舉一個前年的例子。

在二〇〇四年的法蘭克福書展上，我和他討論到，當書展的發展方向碰上不同見解的主張時，應該如何化解僵局。他很簡潔地說了一句：「We must fight FOR them.」（我們一定要爲他們而奮鬥。）開始的時候，我以爲聽錯了，就問他的意思是不是「We must fight AGAINST them.」（我們一定要跟他們奮鬥。）他搖搖頭，說不是，強調他講的是「FOR」而不是「AGAINST」。

我問他爲什麼。大家主張不同，不應該努力說服對方嗎？

他給我舉了一個例子。他說，過去在冷戰時代，蘇聯及東歐集團的出版社，爲了輸人不輸陣，每年都由蘇聯政府大力資助前來參加法蘭克福書展。但是柏林圍牆倒掉，蘇聯解體之後，沒有人資助，一大票前蘇聯及東歐集團的出版社都沒法來參加了。如何對待這個情勢，有兩派主張。一派是就讓市場機制自行運作，等他們有能力的時候再來參加，這樣形同暫時放棄這個市場。衛浩世則主張更積極地看待這個市場。他認爲英美及其他西歐國家勢必要進入這些地區，法蘭克福書展應該扮演更積極的媒介角色。於是他除了提供一些補助，更派遣許多專業人士到俄羅斯及東歐地區去主辦各種出版研討會，幫助當地的出版人熟悉資本主義社會的出版經營。

後來，這些地區出現了許多成功的出版業者。「他們不但回來了，」他跟我講的時候帶著笑意，「我剛剛在會場上還遇見一個俄羅斯出版人，說他有今天的事業，不能不謝謝我。」

衛浩世要說的是，當我們和別人主張不同的時候，與其要花盡力氣遊說他接受你，不如回頭幫他開拓出他原先不相信存在的那一條路。因此，要「We must fight FOR them.」而不是「We must fight AGAINST them.」

他這些心得，不只對我在思考書展這件事情上有用，對我根本的出版人思路上也有用。

但是在他給我的許多建議中，我相信他自己覺得最重要，我也越來越有此體會的，倒不是在工作上，而是在一些生活上的。

我印象最深刻的有兩次。

一次是他要我多注意和自己孩子的相處。他說：「你出版再多書，不要忘了，你的孩子才是你最重要的出版品。」

一次，則是去年夏天。他突然寫信要我一定去休個假：「你一定要聽你顧問的話……休息的重要，只有在你休息過後才體會得到。」

我眞的去休了一個幾年來從沒有過的長假。這位顧問說的的確沒錯，休息的作用，只有在休息過後才體會得到。休假之後回到台北，沒多久，我體會到一個可以兼顧工作與家庭生活的節奏。用這個生活節奏過了三個月時間後，當家人因爲突如其來的急病而陷入生死關頭時，我才不至於因爲自責疏於照料家庭而多揹上一個難以承受的心理負擔。

□

有一次曾經聽他接受訪問，談到他終年奔波世界各地，怎麼面對那麼多離別的場合。記得衛浩世這樣回答：「有離別才會有相會。」之前，我就注意到不論我們在哪個場合多麼興奮地會面，多麼高興地暢談過後，到分手的時候，他總是道過一次再見，就頭再也不回地大步離開。絕不回顧。聽了「有離別才會有相會」之後，我開始很喜歡體會和衛浩世分手時候的感覺了。
因爲你好像從此再也見不到這個人了。
你也好像明天就要再見到他了。

初稿原載於《法蘭克福書展600年風華》。
第二稿修改、補充於二〇〇七年一月。

Passion 10
他們說

訪談、撰寫：郝明義
責任編輯：冼懿穎
編輯：李珮華
美術設計：張士勇工作室
法律顧問：全理法律事務所董安丹律師
出版者：英屬蓋曼群島商網路與書股份有限公司台灣分公司
台北市10550南京東路四段25號10樓之1
TEL：886-2-25467799 FAX：886-2-25452951
讀者服務專線：0800-252-500
e-mail：help@netandbooks.com
網址：http://www.netandbooks.com
郵撥帳號：19542850
戶名：英屬蓋曼群島商網路與書股份有限公司台灣分公司

發行：大塊文化出版股份有限公司
台北市10550南京東路四段25號11樓
TEL：886-2-87123898 FAX：886-2-87123897
讀者服務專線：0800-006689
e-mail：locus@locuspublishing.com
網址：http://www.locuspublishing.com
郵撥帳號：18955675
戶名：大塊文化出版股份有限公司

總經銷：大和書報圖書股份有限公司
地址：台北縣新莊市五工五路2號
TEL：886-2-89902588
FAX：886-2-22901658

排版：帛格有限公司
製版：瑞豐實業股份有限公司
初版一刷：2007年2月
定價：新台幣220元

ISBN：978-986-82711-9-7
Printed in Taiwan

國家圖書館出版品預行編目資料

他們說－有關書與人生的一些訪談
／郝明義　訪談、撰寫. -- 初版. --
臺北市：網路與書
出版：大塊文化發行, 2007〔民96〕
面；　公分 --（Passion；10）
ISBN 978-986-82711-9-7（平裝）
1. 閱讀 2. 寫作法

019.1　　96000272